COLLECTION COMPLÈTE

DES DISCOURS

DE M. DE FONTANES.

DE D'IMPRIMERIE DE PILLET JEUNE,
rue de la Colombe, n° 4.

COLLECTION

COMPLÈTE

DES DISCOURS

DE M. DE FONTANES.

A PARIS,

CHEZ DOMÈRE, LIBRAIRE,

RUE DU CIMETIÈRE-ST-ANDRÉ-DES-ARTS, N° 4.

1821.

AVERTISSEMENT DE L'ÉDITEUR.

Une mort inattendue a enlevé naguère à la France un homme qui en était l'ornement. M. de Fontanes a succombé le.... mars dernier à une attaque d'apoplexie.

Dès sa nomination à la présidence du corps législatif, le talent de M. de Fontanes brilla du plus grand éclat. Formée sur les admirables modèles de l'antiquité, son éloquence sut allier à l'art et aux artifices du style une expression noble, élevée et pleine de poésie : elle attacha vivement tous les esprits en leur montrant par quelle transition les bonnes doctrines de la politique s'unissent heureusement aux lettres anciennes. L'exemple que donnait M. de Fontanes s'était déjà renouvelé ; et dans tous les tems les maximes de l'ordre et de la justice ramènent dans les sociétés à la pureté du goût et à la vraie éloquence. M. de Fontanes obtint, à l'époque que je rappelle, les plus grands succès. Ses belles harangues à un pouvoir alors tutélaire, puisqu'il avait détruit l'anarchie, parcoururent rapidement l'Europe. C'était un noble

et consolant spectacle que de voir un jeune
orateur élevé tout à coup à la tribune publique,
y foudroyer les systèmes absurdes de quelques
novateurs féroces , et répandre de là sur l'Empire une lumière d'autant plus vive, qu'elle suc-
cédait aux orages et aux ténèbres sans intervalles
d'une longue révolution.

Sans doute la belle imagination de M. de Fontanes fut vivement frappée de cette série rapide
d'événemens jusqu'alors inouïs, qui se pas-
sèrent sous ses yeux. Et n'était-il point digne
d'admiration le jeune homme qui, du milieu des
camps, méditait la réorganisation sociale de
l'Europe! ses armes refoulaient au loin les barbares!... C'est de cette élévation de puissance où
la fortune l'avait porté que, détournant ses regards sur nos provinces désolées, il ordonna le
rétablissement de l'Église Chrétienne et de la
monarchie de douze siècles. En retraçant de
telles actions devant un peuple ivre d'enthousiasme, qui ne comprendrait pas que l'éloquence
dut exagérer des résultats? Et si cette erreur peut
être reprochée à M. de Fontanes, elle lui fut
du moins commune avec les hommes les plus
honorables et les plus distingués. On conçoit
aussi ce culte d'enthousiasme au milieu des
trophées de la victoire et dans la renaissance

de la société ! Ici l'orateur assistait à l'aurore d'un règne dont la prudence aurait pu prolonger le cours, et aux mouvemens réparateurs de l'ancienne politique de nos Rois, dans le chemin de laquelle la France venait de rentrer, et qui étendait déjà sur l'Europe la suprématie de ses conseils. Ce serait néanmoins manquer à toutes les règles de l'impartialité, de ne voir dans les divers discours prononcés par M. de Fontanes que l'expression spéciale de ses sentimens, puisqu'il parlait au nom d'un des grands corps de l'État, qui avait évidemment sanctionné comme son ouvrage les discours approuvés dans ses comités, et que M. de Fontanes prononça en son nom. Aussi ces harangues, que la haine a si amèrement reprochées à M. de Fontanes, et dont il ne désavoua jamais les nobles maximes, appartiennent au fond plus à cette assemblée qu'à son président. Comme monumens d'une saine et belle littérature, sa réputation les révendique à juste titre. C'est dans ces discours que nos jeunes écrivains peuvent venir étudier ces mouvemens réguliers et doux d'une éloquence forte de pensées solides, que la raison éclaire, et que des passions véhémentes ou ambitieuses n'altèrent plus. Cette sorte d'éloquence resserre sa marche dans les limites tracées par le goût à la justesse et à l'imagination. Ils y trouveront des modèles de cet art de dire les grandes choses avec simplicité, élégance et noblesse, et de mêler pour ainsi dire la poésie des images aux idées supérieures. Comme orateur, M. de Fontanes se place à côté des anciens : ses harangues, si habilement écrites, resteront comme les les plus purs et les plus beaux ouvrages qui soient sortis de nos discussions parlementaires.

Peu d'hommes ont plus honoré la France par leur caractère, et déployé une opposition aussi utile contre la tyrannie de Bonaparte. Il soutint la nécessité de respecter dans l'existence des corps délibérans, l'une des formes les moins illusoires et les plus imposantes de la liberté; et souvent son ingénieuse éloquence releva leur dignité par de sages avertissemens. Quelques amis du prince, anciens partisans de la révolution, et devenus par une conséquence des mêmes principes des fauteurs de despotisme, attaquaient sans cesse la conduite de M. de Fontanes. Ils craignaient sans doute qu'un homme de cette loyauté et de cette énergie n'obtînt à la fin trop d'ascendant. Bonaparte, qui les comprenait bien, ne cachait pas leur violente inimitié. « M. de Fontanes, lui disait-il quelquefois, on vous déteste ici ; je vous soutiens contre tous dans mon conseil. » On doit du moins cette justice à Bonaparte, que, sur une infinité de points en politique, il accueillît long-tems les avis de M. de Fontanes, qui, parvenu à la puissance, n'en servait aussi qu'avec plus de zèle ses amis. C'est à son intervention que Delille et d'autres illustres proscrits durent leur rentrée en France. Qui n'a point applaudi à l'amitié courageuse qu'il montra dans des tems difficiles à son immortel ami, M. de Châteaubriand. Lorsque ce grand écrivain gémissait sous le poids de toutes les persécutions accumulées par le pouvoir et l'envie, à une époque où le rang qu'occupait M. de Fontanes semblait l'éloigner de la littérature, il trahit un silence commandé par d'augustes fonctions, et lui adressa des consolations dans quelques stances de vers remplies de beautés poétiques !

> Contre toi du peuple critique
> Que peut l'injuste opinion,
> Tu retrouvas la muse antique,
> Sous la poussière poétique
> Et de Solyme et d'Illion.
>
> Du grand peintre de l'Odyssée
> Tous les trésors te sont ouverts;
> Et dans ta prose cadencée,
> Les soupirs de Cymodocée
> Ont la douceur des plus beaux vers.

Cette noble conduite indisposait toutefois Bonaparte, qui pardonnait rarement qu'on fût grand aux dépens du pouvoir. Malgré les inconvéniens attachés à l'opposition, M. de Fontanes écouta toujours la voix de son cœur, et fut fidèle à ceux de ses amis que la haine révolutionnaire poursuivait encore. Quoique Bonaparte se sentît de l'estime pour lui, il ne fut pas constamment sourd aux menées de la calomnie ; et d'ailleurs M. de Fontanes ne convenait plus à ses projets : cherchant à rabaisser la dignité de la parole dans les assemblées, et à tout façonner à une sorte de servitude uniforme, il dut dès lors éloigner le président du corps législatif qui avait trop d'indépendance et de fermeté dans le caractère pour plier sous le joug. Dès la clôture de la session de 1809, M. de Fontanes cessa d'être président de ce corps ; mais Bonaparte, qui ne voulait pas se priver de ses lumières, l'avait déjà nommé, en 1808, à la place de Grand-Maître de l'Université.

C'est dans ces éminentes et modestes fonctions qu'il rendit les plus grands services à la France et à la monarchie. Sous son administration les saines doctrines de l'éducation reprirent un nouvel empire. Les antiques débris de la religion et des lettres grecques et romaines retrouvèrent un abri loin des orages qu'elles venaient de traverser. L'enseignement consacra ce précepte du législateur, qu'il faut avant tout former des citoyens utiles et religieux attachés aux lois de leur pays. Mais sous l'apparente sévérité des règles rétablies, l'enthousiasme se rallumait parmi la belle jeunesse de nos écoles, élevée entre les modèles de tous les âges et une renommée militaire qui déjà remplissait le monde. M. de Fontanes, après avoir remis en vigueur les réglemens et la discipline des écoles, fit successivement entrer dans l'instruction publique les hommes les plus éclairés de l'ancienne université de France, mais toujours de préférence ceux qui paraissaient unir le savoir à la piété. Je n'essaierai pas d'analyser les beautés de tous genres qui éclatent dans les discours qu'il prononça comme Grand-Maître de l'Université. Ces discours sont au rang des productions qui font le plus d'honneur à notre langue. Je joins à cette collection les trois discours prononcés par M. de Fontanes à l'Académie française, morceaux remplis d'éloquence et de goût.

Je ne m'arrêterai pas non plus sur les autres titres de M. de Fontanes à une gloire durable. Comme écrivain, littérateur et poète, il a cueilli toutes les palmes; comme homme d'état, il a laissé de justes regrets ; et ces regrets, la société qu'il anima long-tems par son esprit et ses grâces, les partage aussi ; car si ses écrits ont rappelé le rayon de la gloire des beaux siècles, son urbanité en a fait revivre toutes les traditions de politesse et de bienveillance.

Loin de moi la pensée de ramener des regrets vers l'empire, régime glorieux sans doute, mais dont les hommes et les institutions rentrent dans le domaine de l'histoire, et à un intervalle qu'obscurcissent déjà les nuages du tems. En rassemblant cette collection, on n'a voulu qu'élever un monument honorable pour les lettres modernes. Toutefois en parcourant ces discours, je ne me suis point dissimulé qu'un très-petit nombre se rattachaient, par le sujet, au rétablissement de la dynastie légitime (car, quoique M. de Fontanes aimât les Bourbons, il était contraint comme tant d'autres au silence) ; mais j'ai remarqué avec un vif sentiment de plaisir (et la France l'avait déjà fait avant moi), que le jour où M. de Fontanes fut appelé à célébrer au sein de l'Université cette restauration miraculeuse de la monarchie qu'avaient autrefois raffermi Charlemagne et Louis XIV, son éloquence s'agrandit en quelque sorte, et parut digne des beaux règnes qu'elle retraçait à la mémoire d'une génération naissante, et de ces grands et magnanimes princes de la maison de Bourbon, qui rentraient dans leur héritage éprouvés par toutes les adversités et toutes les gloires !

Un jeune homme, qui était déjà son vieil ami, un orateur, un écrivain éloquent (M. Villemain) le remplace à l'Académie française.

Alfred F....

C'est à M. de Châteaubriand, qu'il appartiendrait de parler de ces discours qui honorent tant M. de Fontanes. Les doctrines des meilleurs tems y respirent ; et sous les formes même du panégyrique, qu'un goût sévère et de la dignité élèvent souvent à l'éloquence on y trouve des conseils pleins de force et de justice pour le pouvoir. Les discours prononcés au nom de l'Université et à l'Académie Française sont des morceaux achevés, que la critique supérieure de M. de Châteaubriand apprécierait avec la justesse et la maturité de jugement qui lui est propre. Espérons que cette voix éloquente rompra bientôt le silence pour nous entretenir du noble ami qui n'est plus, qui ne lui manqua pas dans les jours de la persécution, et dont l'autorité toute-puissante alors défendit long-tems ses beaux ouvrages contre l'injustice des partis.

[illegible]

DISCOURS POLITIQUES.

COLLECTION

DES DISCOURS

POLITIQUES

DE M. DE FONTANES.

~~~~~~~~~~~~~~~~~~~~~~~~~~~~~~~~~~~~~~

PREMIÈRE PARTIE.

———

ÉLOGE FUNÈBRE DE WASHINGTON,

Prononcé dans le temple de Mars le 20 pluviose an 8.

LA France, qui fut toujours assez grande et assez généreuse pour accueillir sans crainte et sans jalousie les vertus et la gloire étrangères, décerne un hommage public aux mânes de Washington. Elle acquitte en ce moment la dette des deux mondes. Nul gouvernement, quelle que soit sa forme et son opinion, ne peut refuser du respect à ce fondateur de la liberté. Le peuple, qui
~~~~~~~~~~~~~~~~~~~~~~~~~~~~~~~~~~~~~~

naguère appelait Washington rebelle, juge lui-même, l'affranchissement de l'Amérique comme un de ces événemens consacrés par le suffrage des siècles et de l'histoire. Tel est le privilége des grands caractères. Ils semblent si peu appartenir aux âges modernes, qu'ils impriment, dès leur vivant même, je ne sais quoi d'auguste et d'antique à tout ce qu'ils osent exécuter. Leur ouvrage, à peine achevé, s'attire déjà cette vénération qu'on n'accorde volontiers qu'aux seuls ouvrages du tems. La révolution américaine, dont nous sommes les contemporains, semble en effet affermie pour jamais. Washington la commença par l'énergie et l'acheva par la modération. Il sut la maintenir en la dirigeant toujours vers la plus grande prospérité de son pays; et ce but est le seul qui puisse justifier au tribunal de l'avenir des entreprises aussi extraordinaires.

L'éloge de ce héros de l'Amérique méritait d'être prononcé par les bouches les plus éloquentes. Je songe, avec un sentiment mêlé d'admiration et de regrets, que ce temple, orné de tous les trophées de la valeur, s'éleva dans un siècle de génie, aussi fécond en grands écrivains qu'en illustres capitaines. Alors la mémoire des héros était confiée à des orateurs dont le génie donnait l'immortalité. Aujourd'hui la gloire militaire brille d'un plus vif éclat, et dans tous les pays la gloire des beaux-arts s'est presque éclipsée. Ma voix est trop faible sans doute pour se faire entendre au milieu d'une solennité si imposante, et si nouvelle pour moi. Mais du moins cette voix est pure; et comme elle n'a jamais flatté aucune espèce de tyrannie, elle ne s'est pas rendue indigne de célébrer un moment l'héroïsme et la vertu.

D'ailleurs cette cérémonie funèbre et guerrière porte d'avance au fond de tous les cœurs, et mieux que toutes les paroles, des émotions fortes et profondes. Le deuil que le premier consul ordonne pour Washington annonce à la France que les exemples qu'il donna ne sont point perdus. C'est moins pour le général illustre que pour le bienfaiteur et l'ami d'un grand peuple que des crêpes funèbres ont couvert les drapeaux de la victoire et l'habit de nos guerriers. Elles ne sont plus enfin ces pompes barbares, aussi contraires à la politique qu'à l'humanité, où l'on prodiguait l'insulte au malheur, le mépris à de grandes ruines, et la calomnie à des tombeaux. Toutes les pensées magnanimes, toutes les vérités utiles peuvent paraître dans cette assemblée.

Je loue avec honneur devant des guerriers un guerrier ferme dans les revers, modeste dans la victoire, et toujours humain dans l'une et l'autre fortune. Je loue devant les ministres de la république française un homme qui ne céda jamais aux mouvemens de l'ambition, et qui se prodigua toujours aux besoins de sa patrie; un homme qui, par une destinée peu commune à ceux qui changent les empires, mourut en paix et comme un simple particulier dans sa terre natale où il avait occupé le premier rang, et que ses mains avaient affranchie.

Quel Français doué d'une imagination sensible ne se rappelle avec transport le premier moment où la renommée nous annonça que la liberté relevait ses étendards chez les peuples de l'Amérique ! L'ancien monde, courbé sous le poids des vices et des calamités qui accablaient sa vieillesse, retrouva quelque enthousiasme, et tourna les yeux vers ces régions lointaines où semblait commencer une nouvelle époque pour le genre humain : alors tous les vœux étaient pour la liberté; et ces vœux même se manifestèrent jusque dans les palais et sur les trônes. Les mers de l'Europe furent étonnées de porter des flottes royales qui volaient à la défense des républicains de l'Amérique.

O tems des plus douces espérances ! ô souvenirs de notre première jeunesse ! avec quelle in-

(7)

quiétude nous interrogions alors tous les navi-
gateurs qui arrivaient de Charlestown et de Bos-
ton ! Comme nous plaignions les revers de ces
braves milices Américaines que leurs désastres,
leurs fatigues et leurs besoins ne découragèrent
jamais ! Comme tous nos vœux s'associèrent aux
premiers triomphes de Washington ! Le sage né-
gociateur qui l'aida dans une si noble cause,
Franklin, ne fut-il pas environné de nos hommages, quand il vint montrer à Paris, et jusque
dans Versailles, la noble simplicité des mœurs
républicaines ? Il habita sur les rives du fleuve
voisin, en face des lieux où nous sommes réunis.
Plusieurs d'entre vous ont vu, comme moi, la
physionomie vénérable de ce vieillard qui res-
semblait à l'ancien législateur des Scythes, voya-
geant dans Athènes. Les opinions du négocia-
teur et du héros des treize États-Unis furent quelquefois opposées ; mais leurs volontés se rencon-
trèrent toujours lorsqu'il fallut travailler au bien
commun de la patrie. Leurs deux noms, qui
furent si souvent confondus dans les mêmes
éloges pendant leur vie, ne doivent point être
séparés après leur mort. Si l'âme de Franklin
revient errer sur ces bords qu'il a chéris long-
tems, elle applaudit sans doute aux honneurs
que Washington reçoit de nous.

C'est aux guerriers qui m'environnent, c'est à eux seuls qu'il appartient de marquer la place qu'occupera Washington parmi les capitaines fameux. Ses succès parurent avoir plus de solidité que d'éclat, et le jugement domina plus que l'enthousiasme dans sa manière de commander et de combattre. D'ailleurs les prodiges militaires exécutés par les troupes françaises ont affaibli la renommée de tout ce qui s'est illustré dans la même carrière. Aucun peuple ne peut donner désormais les leçons de l'héroïsme à celui qui en a dans son sein tous les modèles. Mais Washington nous offre d'autres exemples non moins dignes d'être imités. Au milieu de tous les désordres des camps et de tous les excès inséparables de la guerre civile, l'humanité se réfugia sous sa tente, et n'en fut jamais repoussée. Dans les triomphes et dans l'adversité, il fut toujours tranquille comme la sagesse, et simple comme la vertu. Les affections douces restèrent au fond de son cœur, même dans ces momens où l'intérêt de sa propre cause semblait légitimer en quelque sorte les lois de la vengeance. C'est toi que j'en atteste, ô jeune Asgill, toi dont le malheur sut intéresser l'Angleterre, la France et l'Amérique! Avec quels soins compatissans Washington ne retarda-t-il pas un jugement que le droit de la guerre permettait de précipiter ! Il attendit qu'une voix alors toute-puissante franchît l'étendue des mers, et demandât une grâce qu'il ne pouvait lui refuser. Il se laissa toucher sans peine par cette voix conforme aux inspirations de son cœur ; et le jour qui sauva une victime innocente doit être inscrit parmi les plus beaux de l'Amérique indépendante et victorieuse.

Les mouvemens d'une âme magnanime, n'en doutons point, achèvent et maintiennent les révolutions plus sûrement que les trophées et les victoires. L'estime qu'obtint le caractère du général américain contribua plus que ses armes à l'indépendance de sa patrie.

Quand un État ébranlé change de forme avec violence, tous les états voisins jettent sur lui des yeux d'inquiétude et de crainte : ils ne se rassurent que lorsqu'il a repris des mouvemens réguliers et constans. Un peuple en révolution n'a plus d'alliés et d'amis. Il réclame vainement les anciens traités, tous ses vieux liens sont rompus avec les autres comme avec lui-même. Il est isolé au milieu du monde qu'il épouvante. On s'éloigne de lui comme des volcans. Il faut ordinairement qu'à la suite de ces grandes crises politiques survienne un personnages extraordinaire, qui, par le seul ascendant de sa gloire, comprime l'audace de tous les partis, et ramène l'ordre au sein de la confusion. Il faut, si je l'ose dire, qu'il ressemble à ce dieu de la fable, à ce souverain des vents et des mers, qui, lorsqu'il élevait son front sur les flots, tenait en silence toutes les tempêtes soulevées. C'est alors que les gouvernemens, plus tranquilles, se rapprochent de celui dont ils avaient d'abord redouté les convulsions et les atteintes.

En effet, c'est lorsque Washington eut persuadé à ses ennemis qu'il avait assez de force pour gouverner tranquillement l'Amérique long-tems bouleversée, que la paix se conclut sous ses auspices, et que la liberté des États-Unis fut proclamée, des bords de la Delaware jusqu'aux bords de la Tamise. Ainsi tout est pour nous, dans son histoire, une suite d'instructions et d'espérances.

Les caractères de la révolution d'Amériqu e se retrouvèrent plus d'une fois dans celle de la France. Les colonies s'étaient soulevées contre leur métropole pour faire déclarer leur indépendance. Cette indépendance était reconnue, et cependant les colonies n'étaient point heureuses. Tous les partis étaient encore en présence. Toutes les ambitions subalternes, toutes les haines fermentaient au fond des cœurs. Tant que la guerre étrangère est allumée contre un État qui change sa constitution, l'intérêt commun réunit toute l'activité des passions populaires dans la défense du territoire. C'est le seul moment où leur propre sûreté les force à reconnaître quelque subordination. Leurs rugissemens se taisent au milieu du fracas des armes et des chants de la victoire. Mais au retour de la paix, elles ne sont plus enchaînées par les mêmes craintes ou le même respect. Leur fougue aveugle se tourne quelquefois contre celui même qui sauva la patrie menacée. Washington avait prévu les dangers ; mais il avait préparé tous les remèdes. Il ne crut point que la paix qu'il venait de conclure suffit pour assurer la tranquillité intérieure ; il avait triomphé de l'Angleterre, il entreprit contre la licence des partis une lutte non moins pénible et non moins glorieuse.

Cependant il ne voulut laisser aucun prétexte aux accusations de la calomnie. Sitôt que la paix fut signée, il remit au congrès tous les pouvoirs dont il était investi. Il ne voulut se servir, contre ses compatriotes égarés, que des armes de la persuasion. S'il n'eût été qu'un ambitieux vulgaire, il eût pu accabler la faiblesse de toutes les factions divisées ; et lorsque aucune constitution n'opposait de barrière à l'audace, il se serait emparé du pouvoir avant que les lois en eussent réglé l'usage et les limites. Mais ces lois furent provoquées par lui-même avec une constance opiniâtre. C'est quand il fut impossible à l'ambition de rien usurper qu'il accepta, du choix de ses concitoyens, l'honneur de les gouverner pendant sept années. Il avait fui l'autorité quand l'exercice pouvait en être arbitraire; il n'en voulut porter le fardeau que lorsqu'elle fut resserrée dans des bornes légitimes. Un tel caractère est digne des plus beaux jours de l'antiquité. On doute, en rassemblant les traits qui le composent, qu'il ait paru dans notre siècle. On croit retrouver une vie perdue de quelques-uns de ces hommes illustres dont Plutarque a si bien tracé le tableau.

Son administration fut douce et ferme au dedans, noble et prudente au dehors. Il respecta toujours les usages des autres peuples, comme il avait voulu qu'on respectât les droits du peuple américain. Aussi, dans toutes les négociations, l'héroïque simplicité du président des États-Unis traitait sans jactance et sans abaissement avec la majesté des rois. Ne cherchez point, dans son administration, ces pensées que le siècle appelle grandes, et qu'il n'aurait cru que téméraires : ses

conceptions furent plus sages que hardies ; il
n'entraîna point l'admiration , mais il soutint toujours l'estime au même degré , dans les camps et
dans le sénat , au milieu des affaires et dans la
solitude.

Il est des hommes prodigieux qui apparaissent,
d'intervalle en intervalle , sur la scène du monde
avec le caractère de la grandeur et de la domination. Une cause inconnue et supérieure les envoie , quand il en est tems , pour fonder le berceau ou pour réparer les ruines des empires. C'est
en vain que ces hommes , désignés d'avance , se
tiennent à l'écart ou se confondent dans la foule :
la main de la fortune les soulève tout à coup ,
et les porte rapidement d'obstacle en obstacle ,
et de triomphe en triomphe jusqu'au sommet
de la puissance. Une sorte d'inspiration surnatu-
relle anime toutes leurs pensées : un mouvement
irrésistible est donné à toutes leurs entreprises.
La multitude les cherche encore au milieu d'elle,
et ne les trouve plus ; elle lève les yeux en haut ,
et voit , dans une sphère éclatante de lumière et
de gloire , celui qui ne semblait qu'un téméraire
aux yeux de l'ignorance et de l'envie. Washington n'eut point ces traits fiers et imposans qui
frappent les esprits ; il montra plus d'ordre et de
justesse que de force et d'élévation dans les idées.

Il posséda surtout, dans un degré supérieur, cette qualité non moins utile au gouvernement des Etats qu'à la conduite de la vie, qui donne plus de tranquillité que de mouvement à l'âme, et plus de bonheur que de gloire à ceux qui la possèdent, ou à ceux qui en ressentent les effets; c'est le bon sens dont je veux parler, le bon sens, dont l'orgueil a trop rejeté les anciennes règles, et qu'il est tems de réhabiliter dans tous ses droits. L'audace détruit, le génie élève, le bon sens conserve et perfectionne. Le génie est chargé de la gloire des empires; mais le bon sens peut assurer seul et leur repos et leur durée.

Washington était né dans une opulence qu'il avait noblement accrue, comme les héros de l'antique Rome au milieu des travaux de l'agriculture. Quoiqu'il fût ennemi d'un vain faste, il voulait que les mœurs républicaines fussent environnées de quelque dignité. Nul ne craignit plus les opinions exagérées de quelques démagogues. Son esprit, ami de la règle, s'éloigna constamment de tous les excès : il n'osait insulter à l'expérience des âges. Il ne voulait ni tout changer, ni tout détruire à la fois ; il conservait, à cet égard, la doctrine des anciens législateurs.

En effet, quand ces grands hommes avaient créé des habitudes et des sentimens dans l'esprit et dans l'âme de leurs concitoyens, ils croyaient leur tâche presque achevée : ils faisaient des systèmes de mœurs plutôt que des systèmes de lois ; ils avaient même tant de respect pour la toute-puissance des habitudes, qu'ils ménagèrent d'anciens préjugés, peu compatibles en apparence avec un nouvel ordre de choses. La Grèce et Rome, en passant de l'empire des rois sous celui des archontes et des consuls, ne virent changer ni leurs différens cultes, ni le fond de leurs usages et de leurs mœurs. Les premiers chefs de ces républiques se persuadèrent sans doute qu'un mépris trop évident de l'autorité des siècles et des traditions affaiblirait la morale, en avilissant la vieillesse aux yeux de l'enfance. Ils craignirent de porter trop d'atteinte à la majesté des tems et à l'intérêt des souvenirs.

Je ne m'écarte point de mon sujet, en rappelant la mémoire de ces fondateurs des anciennes républiques, auprès de qui la postérité placera Washington. Comme eux, il gouverna par les sentimens et les affections, plutôt que par des ordres et des lois ; comme eux, il fut simple au faîte des honneurs ; comme eux, il resta grand au milieu de la retraite. Il n'avait accepté la puissance que pour affermir la prospérité publique : il ne voulut pas qu'elle lui fût rendue, quand il vit que l'Amérique était heureuse et n'avait plus besoin de son dévouement. Il voulut jouir avec tranquillité, comme les autres citoyens, de ce bonheur qu'un grand peuple avait reçu de lui. Mais c'est en vain qu'il abandonna la première place : le premier nom de l'Amérique était toujours celui de Washington.

Quatre ans s'étaient écoulés à peine, depuis qu'il avait quitté l'administration. Cet homme, qui long-tems conduisit des armées, qui fut le chef de treize états, vivait sans ambition dans le calme des champs, au milieu de vastes domaines cultivés par ses mains, et de nombreux troupeaux que ses soins avaient multipliés dans les solitudes du Nouveau-Monde. Il marquait la fin de sa vie par toutes les vertus domestiques et patriarchales, après l'avoir illustrée par toutes les vertus guerrières et politiques. L'Amérique jetait un œil respectueux sur la retraite habitée par son défenseur; et de cette retraite où s'était renfermé tant de gloire, sortaient souvent de sages conseils, qui n'avaient pas moins de force que dans les jours de son autorité : ses compatriotes se promettaient encore de l'écouter long-tems; mais la mort l'a tout à coup enlevé au milieu des occupations les plus douces et les plus dignes de la vieillesse.

Un cri de douleur s'est fait entendre du fond de l'Amérique qu'il avait délivrée. Il appartenait à la France de répondre la première à ce cri funèbre, qui doit retentir dans toutes les grandes âmes. Ces voûtes augustes ont été dignement choisies pour l'apothéose d'un héros. L'ombre de Washington, en descendant sur ce dôme majestueux y trouvera celles de Turenne, de Catinat et du grand Condé, qui se plaisent à l'habiter encore. Si ces guerriers illustres n'ont pas servi la même cause pendant leur vie, la même renommée les réunit quand ils ne sont plus. Les opinions, sujettes aux caprices des peuples et des tems; les opinions, partie faible et changeante de notre nature, disparaissent avec nous dans le tombeau : mais la gloire et la vertu restent éternellement. C'est par là que les grands hommes de tous les tems et de tous les lieux deviennent en quelque sorte compatriotes et contemporains. Ils ne forment qu'une seule famille, dont les exemples se transmettent et se renouvellent de successeurs en successeurs. Ainsi dans cette enceinte guerrière la valeur de Washington mérite les regards de Condé : sa modération appelle ceux de Turenne ; sa philosophie le rapproche encore plus de Catinat. Un peuple qui admettrait ce dogme antique et touchant de la transmigration des esprits,

dirait sans doute que, plus d'une fois, l'âme, de
Catinat est revenue habiter dans celle de Washington

Mais les accens républicains et belliqueux que
ces murs répètent de toutes parts, doivent plaire
surtout au défenseur de l'Amérique. Pourrait-il
ne pas aimer ces soldats qui repoussèrent, à son
exemple, les ennemis de leur patrie? il s'approche avec plaisir de ces vétérans, dont les
nobles cicatrices sont le premier ornement de
cette fête, et dont quelques-uns ont peut-être
combattu avec lui près des fleuves et dans les fó-
rêts de la Caroline et de la Virginie. Il se promène
avec joie au milieu de ces drapeaux enlevés sur
les barbares de l'Asie et de l'Afrique étonnés
de notre audace. Les dépouilles de la barbarie
décorent noblement les funérailles d'un capitaine
qui aima les lumières et la liberté. Mais il est
encore un hommage plus digne de lui : c'est l'u-
nion de la France et de l'Amérique; c'est le bonheur de l'une et de l'autre; c'est la pacification
des deux mondes. Il me semble que, des hau-
teurs de ce magnifique dôme, Vashington crie
à toute la France : « Peuple magnanime, qui sais
si bien honorer la gloire, j'ai vaincu pour l'indépendance; mais le bonheur de ma patrie fut le
prix de cette victoire. Ne te contente pas d'imi-

ter la première moitié de ma vie : c'est la seconde qui me recommande aux éloges de la postérité. »

Oui, tes conseils seront entendus, ô Washington ! ô guerrier ! ô législateur ! ô citoyen sans
reproche ! Celui qui, jeune encore, te surpassa
dans les batailles, fermera, comme toi, de ses
mains triomphantes, les blessures de la patrie.
Bientôt, nous en avons sa volonté pour gage, et
son génie guerrier, s'il était malheureusement
nécessaire ; bientôt l'hymne de la paix retentira
dans ce temple de la guerre : alors le sentiment
universel de la joie effacera le souvenir de toutes
les injustices et de toutes les oppressions ; déjà
même les opprimés oublient leurs maux, en se
confiant à l'avenir ; les acclamations de tous les
siècles accompagneront enfin le héros qui don-
nera ce bienfait à la France, et au monde qu'elle
ébranle depuis trop long-tems.

DISCOURS

DU PRÉSIDENT DU CORPS LÉGISLATIF

AU PRINCE JOSEPH BONAPARTE,

Prononcé le 29 thermidor an 12.

———

MONSEIGNEUR,

Un pouvoir unique et permanent convient aux grands États. Cette vérité, long-tems combattue par l'esprit anarchique, était suffisamment prouvée par le génie de votre auguste frère.

L'hérédité du pouvoir n'est pas moins indispensable, et les hautes considérations sur lesquelles ce système est établi se sont fortifiées encore de tous les sentimens d'amour et de respect qu'a mérités votre altesse impériale.

Comment le peuple français n'aurait-il pas mis à sa tête une famille où se réunissent à la fois l'art de vaincre et l'art de gouverner, le talent des négociations et celui de l'éloquence, l'éclat de l'héroïsme, les grâces de l'esprit et le charme de la bonté.

Telle, sur un moindre théâtre, parut autrefois cette race de grands hommes qui eut l'honneur de donner son nom au troisième siècle des arts, et qui, produisant tout à coup d'illustres amis des lettres, d'habiles politiques, de grands capitaines, prit une place glorieuse entre les maisons souveraines de l'Europe.

DISCOURS

DE M. LE PRÉSIDENT DU CORPS LÉGISLATIF
AU PREMIER CONSUL.

CITOYEN PREMIER CONSUL,

Le tableau de notre situation intérieure est celui de vos bienfaits.

Le corps législatif vous remercie, au nom du peuple français, de tant d'utiles travaux commencés en faveur de l'agriculture et de l'industrie, et que la guerre n'a point interrompus. L'habitude des grandes idées fit négliger quelquefois aux esprits supérieurs les détails de l'administration. La postérité ne vous adressera point ce reproche. La pensée et l'action de votre gouvernement sont partout à la fois, et dans les campagnes fécondées par ces canaux qu'on achève ou qu'on prépare , et dans les cités qui s'embellissent de nouveaux monumens , et dans les arsenaux militaires , et dans les ateliers paisibles des arts , et dans les camps , et dans les ports , et dans les asiles où repose la vieillesse de nos guerriers , et dans les écoles où s'instruit la jeunesse de leurs successeurs , et dans les hôpitaux qui rassemblent toutes les misères humaines , et dans les temples où elles sont toutes consolées.

Ainsi , les fondemens de la société se relèvent en moins de tems qu'ils n'ont été détruits. Des lois sages vont former les mœurs ; les mœurs maintiendront les lois ; l'autorité des opinions religieuses affermira les lois et les mœurs.

Tout se perfectionne , les haines s'éteignent , les oppositions s'effacent ; et sous l'influence victorieuse d'un génie qui entraîne tout , les choses , les systèmes et les hommes qui paraissent le plus éloignés , se rapprochent , se confondent et servent de concert à la gloire de la patrie.

Les habitudes anciennes et les habitudes nouvelles se mettent d'accord. On conserve tout ce qui doit maintenir l'égalité des droits civils et politiques ; on reprend tout ce qui peut accroître la splendeur et la dignité d'un grand empire.

Ces bienfaits , citoyen Premier Consul ,

sont l'ouvrage de quatre années. Tous les rayons de la gloire nationale qui pâlissaient depuis cent ans ont repris un éclat qu'ils n'avaient point eu jusqu'à vous.

L'appareil de la guerre ne trouble pas cette sécurité que nous vous devons. Votre âme semble avoir passé dans celle de tous les Français. Un siècle de gloire peut suivre un moment de danger, et c'est assez pour qu'ils soient invincibles. Je ne sais quel sentiment de confiance et d'audace s'est emparé de la nation, et fait taire les alarmes. Ce que le présent a déjà manifesté nous défend de craindre ce que l'avenir nous cache encore; il est permis de tout oser à celui qui sait tout prévoir.

Les sentimens que je vous exprime sont ceux du corps législatif tout entier; c'est par un mouvement unanime qu'il a voté la députation dont je suis l'interprète. Il se félicite d'une nouvelle organisation qui lui permet de communiquer plus immédiatement avec vous; tour à tour il s'approchera du chef de l'État, pour les intérêts de la nation, et de la nation pour les intérêts d'un gouvernement digne d'elle. Des formes plus imposantes ne donneraient pas au corps législatif une dignité qu'il n'aurait point eue par lui-même. Il l'a doit depuis long-tems à son zèle pour la patrie. C'est par la sécurité générale que peut s'accroître la majesté de ses délibérations. C'est par la prospérité publique que vous préparerez l'amour et le respect des lois sur lesquelles il va délibérer.

DISCOURS A L'EMPEREUR,

Prononcé le 13 nivose an 13.

SIRE,

Vos très-fidèles sujets, les membres du corps législatif, viennent apporter aux pieds du trône l'adresse de remerciement et de félicitation qu'ils ont votée pour les sentimens contenus dans le discours de votre Majesté.

L'ouverture de cette session sera une époque-mémorable de notre histoire. Jamais le trône et la nation ne se prêtèrent l'un à l'autre tant d'éclat et tant d'appui.

Les droits du chef de l'État se sont accrus de tout l'intérêt qu'il a témoigné pour ceux du peuple français.

Nous goûtions déjà les biens qu'assure la force du pouvoir suprême ; et grâce à vos soins, nous serons garantis des maux que son excès pourrait entraîner.

Les ressources nationales se développeront avec d'autant plus d'énergie que Votre Majesté promet d'en ménager l'emploi avec plus de surveillance.

Vous ne proposez point de nouveaux subsides, malgré les préparatifs immenses de la guerre. Vous méritez, sire, que les Français ne comptent jamais leurs sacrifices, puisque vous comptez si bien leurs besoins.

Ce grand peuple, adorateur des grands hommes, se précipita toujours à leur suite ; et quand des chefs ilustres l'appellent au combat, on a besoin de retenir son courage plutôt que de l'exciter. Fidèle à vos grands desseins, il protégera les états que vous avez créés, et dont une sage politique doit assurer l'existence.

Mais si, comme vous, ce peuple généreux est prêt à la guerre, comme vous, il ne désire que la paix ; et trop prudent pour céder ses droits légitimes, il est trop fort pour exagérer ses prétentions.

Votre Majesté déclare elle-même qu'elle ne veut point agrandir le territoire de la France, mais en maintenir l'intégrité. Ces paroles doivent ôter tout prétexte à nos ennemis. En effet, sire, vous n'avez plus besoin de la gloire des conquêtes. Vous serez aussi grand dans les détails de l'administation intérieure que sur le champ de bataille. On parlera de vos institutions autant que de vos victoires.

Un long avenir est devant vous. Tout ce que Votre Majesté médite pour le bonheur de la France aura son exécution. Le plus beau destin ne sera point interrompu; et d'ailleurs, il est un genre de gloire qui ne meurt jamais.

Les traités peuvent être abolis par des traités nouveaux : le fruit des victoires est quelquefois perdu, la grandeur même des Empires nuit à leur durée. Mais l'amour et l'admiration perpétuent les exemples de ceux qui ont fondé ou rétabli la société sur la triple base des lois, des mœurs et de la religion. L'ouvrage de ces hommes rares se conserve long-tems, et leur esprit gouverne la postérité.

Cette gloire, Sire, un jour sera la vôtre, et vos actions, comme vos paroles, nous en donnent l'assurance.

Aujourd'hui la voix des départemens se fait entendre à Votre Majesté; ils sont réunis en quelque sorte autour d'elle, dans la personne de leurs députés. Chacun de nous n'a pu concourir encore que par son opinion individuelle

au grand acte qui vous a donné la couronne.
C'est en corps maintenant que nous manifestons
le même vœu. Le peuple et ses députés ne se
repentiront jamais de l'avoir formé ; ils serviront
avec le même zèle un pouvoir dont votre génie
prouve de plus en plus tous les avantages, et
dont votre sagesse a discerné toutes les limites.

DISCOURS

DU PRÉSIDENT DU CORPS LÉGISLATIF A L'EMPEREUR,

Prononcé le 22 pluviose an 13 (11 février 1805.)

SIRE,

Vous demandez la paix quand la guerre a toujours augmenté votre gloire. Vos fidèles sujets, les membres du corps législatif, touchés comme ils doivent l'être d'une démarche aussi magnanime et des communications qu'ils ont reçues, viennent remercier l'ami de la France, de l'Europe et du genre humain.

Le monde vous a vu constamment le même aux plus grandes époques de votre vie ; ce n'est jamais sur l'accroissement de votre puissance que vous mesurez vos prétentions. Les faveurs de la fortune égarent l'orgueil d'un prince vulgaire, mais elles redoublent la modération du grand homme ; c'est pour cela que votre usage est de proposer la paix le lendemain ou la veille d'une victoire.

L'ennemi aurait pu apprendre comme nous, dans le récit de vos actions, qu'il est sage de terminer la guerre quand Votre Majesté manifeste ce désir.

Il nous parle de ses alliés, mais il n'est point d'alliés sans des avantages réciproques ; et quand un peuple veut régner seul sur les mers, son intérêt est en opposition avec celui de tous les autres.

Il invoque le droit des gens, mais il le viole sans cesse.

Le plus grand des écrivains politiques (1) louait avec raison l'Angleterre d'avoir inséré dans sa grande chartre un article qui lui défend de saisir et de confisquer, en cas de guerre, les marchandises des négocians étrangers, hors dans le cas de représailles.

Les mers de Cadix ont vu naguère comme ce

______

(1) La grande Chartre des Anglais défend de saisir et de confisquer, en cas de guerre, les marchandises des négocians étrangers, à moins que ce ne soit par représailles. Il est beau que la nation anglaise ait fait de oela un des articles de sa liberté.
(*Esprit des Lois*, liv. 20, ch. 14.)

gouvernement est fidèle aux maximes de ses ancêtres. Il foule aux pieds ses propres lois, et leur
substitue le code des pirates.

Ceux qui se permettent de tels attentats, osent-
ils affecter des alarmes sur la tranquillité future
de l'Europe ! Oui, sans doute, l'Europe éprouva
de grands dangers ; mais n'est-ce pas vous, sire,
qui les avez fait disparaître !

Un esprit séditieux menaçait dans tous les
grands états l'autorité publique ; il s'était souvent introduit dans les palais et jusque dans les
conseils des princes. Votre Majesté seule en a
réprimé les ravages. Elle a affermi tous les trônes
en relevant celui de la France. Elle a défendu la
cause des rois, après avoir vengé celle des peuples ; tous leurs intérêts aujourd'hui doivent
être liés aux vôtres. A ce grand service rendu
au Monde, que peut opposer jusqu'ici l'Angleterre ? Ses violences contre le Danemarck et
l'Espagne, et l'oppression de l'Inde entière.

Sire, il était digne de vous d'invoquer encore
l'humanité avant de combattre. Elle vous absout
désormais de tous les malheurs de la guerre,
s'ils doivent se prolonger.

Les nations et les princes ont des devoirs et
des engagemens mutuels. Tous les vôtres ont été
remplis dans cette grande circonstance. La na-

tion sera fidèle aux siens. Elle vous promet un dévouement nouveau ; elle secondera de toutes ses ressources un prince qui était assez grand pour sacrifier la gloire des conquêtes à la prospérité de son pays.

Espérons pourtant que les calculs mercantiles ne s'opposeront pas toujours aux sentimens héroïques de Votre Majesté, et que l'intérêt de quelques comptoirs ne sera pas mis en balance avec celui du monde entier.

DISCOURS

PRONONCÉ PAR LE PRÉSIDENT DU CORPS LÉGISLATIF,

Pour la clôture de la session ouverte le 6 nivose an 13.

Les plus heureuses époques pour une nation ne sont pas celles où les discussions nationales ont le plus d'éclat, d'énergie et de mouvement ; c'est par les soins paisibles d'une sage administration que la prospérité s'accroît dans les empires comme dans les familles. Le corps législatif peut donc se féliciter au nom du peuple français d'avoir vu s'écouler cette session dans des travaux plus utiles que brillans ; je n'ai pas besoin de relever leur importance lorsqu'ils viennent d'être retracés avec tant d'interêt par un orateur qui honore à la fois le corps législatif dont il est sorti et le gouvernement dont il est un des plus dignes organes.

« Quelle que soit désormais la nature de nos délibérations politiques, tous les vœux doivent être satisfaits. Nous cherchions le moyen de réunir la monarchie avec la liberté, et la liberté avec le repos; ce problème difficile est enfin résolu. Le gouvernement est fort, et il doit l'être, car le pire de tous les malheurs pour un grand peuple est la faiblesse de son gouvernement; mais cette force a ses limites naturelles dans le droit de voter l'impôt que se réserve la nation française. Le corps à qui ce droit est attribué, méritera toujours une haute considération : il se trouve heureux de vivre sous un prince qui met l'ordre et l'économie au rang de ses premiers devoirs. En ne sacrifiant aucun principe, la nation peut confier sans crainte à celui qui gouverne des ressources proportionnées à l'exécution des plus grands desseins; c'est pour l'intérêt même de la patrie, que jusqu'à ce moment il fallait plutôt donner à l'autorité des appuis que des contre-poids.

« Cette nécessité reconnue d'affermir le pouvoir a fait revivre le système monarchique. La religion et la victoire ont relevé le trône abattu; et, ne le dissimulons pas, de ces deux forces, à qui rien ne peut résister, la religion n'est pas la moins puissante : elle seule explique et consacre le plus grand des mystères, celui du pouvoir et de l'obéissance.

Dix siècles se sont écoulés depuis l'époque où la France vit un semblable spectacle. Une monarchie de 1400 ans, qui semblaient ensevelie sous tant de ruines, a reparu tout à coup avec ses antiques splendeurs, et presque tous les diadèmes qu'avait perdus la famille des Martels se sont réunis encore une fois sur la même tête.

Le corps législatif, présent à la solennité de ce grand jour, en a partagé toutes les émotions. Dès qu'il a pu se faire entendre, il a confirmé le vœu individuel de tous ses membres pour la dignité impériale. Nulle faveur particulière n'a déterminé son opinion, et dans cette circonstance comme dans toutes les autres, il n'a regardé que l'intérêt national.

Le sentiment qui nous dirige ne peut changer : il anima ceux de nos collègues que nous perdons cette année, et qui emportent nos regrets ; il sera transmis à ceux qui doivent les remplacer, et ne s'éteindra jamais au milieu de nous.

L'image auguste que nous avons placée dans cette enceinte nous rappellera toujours nos devoirs, en nous montrant ce livre de la loi sur lequel un jour sera jugé lui-même le premier dépositaire de l'autorité. Le prince qui eut la gloire de publier ce Code mémorable , l'un des premiers bienfaits de son règne, en sera le plus constant observateur; il ne cessera point d'être fidèle à sa gloire, et notre zèle ne peut pas plus se démentir que ses actions et son génie.

DISCOURS

DU PRÉSIDENT DU CORPS LÉGISLATIF,

PRONONCÉ

Lors de la cérémonie de l'inauguration de la statue de l'Empereur,
le 24 nivose an 13.

La gloire obtient aujourd'hui la plus juste récompense, et le pouvoir en même tems reçoit les plus nobles instructions. Ce n'est point au grand capitaine, ce n'est point au vainqueur de tant de peuples que ce monument est érigé ; le corps législatif le consacre au restaurateur des lois. Des esclaves tremblans, des nations enchaînées ne s'humilient point au pied de cette statue ; mais une nation généreuse y voit avec plaisir les traits de son libérateur.

Périssent les monumens élevés par l'orgueil et la flatterie ! Mais que la reconnaissance honore toujours ceux qui sont le prix de l'héroïsme et des bienfaits. Eh ! quel bienfait plus mémorable

que celui d'un Code uniforme, donné à trente
millions d'hommes ! Le jour où le Code civil re-
çut dans cette enceinte la sanction nationale, fut le
premier jour qui fixa nos destinées. On n'a pu
croire à la stabilité du nouveau gouvernement
de la France que lorsque toutes les factions désar-
mées ont été contraintes d'obéir aux mêmes lois.

Les trophées guerriers, les arcs de triomphe,
en conservant des souvenirs glorieux, rappellent
les malheurs des peuples vaincus. Mais dans cette
solennité d'un genre nouveau, tout est consolant,
tout est paisible, tout est digne du lieu qui nous
rassemble.

L'image du vainqueur de l'Égypte et de l'Italie
est sous vos regards ; mais elle ne paraît point environnée des attributs de la force et de la victoire.
Ce héros ne porte ici dans sa main tant de fois
triomphante que le livre de la loi qui doit commander à la force et à la victoire elle-même.

Malheur à celui qui voudrait affaiblir l'admiration et la reconnaissance que méritent les vertus
militaires ! Loin de moi une telle pensée ! Pour-
rais-je la concevoir devant cette statue, et l'anni-
versaire même du jour où le vainqueur de Rivoli
(1) défit en quelques heures deux armées enne-

---

(1) La bataille de Rivoli a été gagnée le 24 nivose an 5.

mies qui se croyaient sûres de l'envelopper, et décida ce grand succès par une de ces heureuses inspirations qui sont envoyées aux grands capitaines sur le champ de bataille, en présence de tous les dangers et de tous les obstacles ! Comment ne pas honorer la valeur au milieu des guerriers qui ont vaincu sous lui, et de ses plus illustres lieutenans ? Mais j'ose le dire devant eux, et je suis sûr qu'ils ne me démentiront point, car l'intérêt de la patrie leur est plus cher que celui de leur propre renommée, les talens militaires pouvaient tout contre les ennemis du dehors et ne pouvaient rien contre les ennemis du dedans. Invincibles sur la frontière, nos plus vaillans généraux succombaient quelquefois sous l'audace des factions qui déchiraient la France. Ce n'était point assez pour notre salut de légions victorieuses qui nous protégeaient contre l'Europe. Il était tems qu'on vît paraître un législateur qui nous protégeât contre nous-mêmes. Ce législateur est venu, et nous n'avons respiré que sous son empire. Que d'autres vantent ses hauts faits d'armes, que toutes les voix de la renommée se fatiguent à dénombrer ses conquêtes ! Je ne veux célébrer aujourd'hui que les travaux de sa sagesse. Son plus beau triomphe dans la postérité sera d'avoir défendu, contre toutes les révoltes de l'esprit humain, le système social prêt à se dissoudre. Il a vaincu les fausses doctrines ; elles commencent à s'éloigner devant son génie, et bientôt il achèvera leur défaite entière , en prouvant que la liberté publique n'est bien garantie que par un monarque premier sujet de la loi.

Dans le chaos de tant d'opinions et sous les ruines de tout un Empire , combien il était difficile de retrouver le principe conservateur qui l'anima pendant quatorze siècles ! La première place était vacante, le plus digne a dû la remplir. En y montant il n'a détrôné que l'anarchie qui régnait seule dans l'absence de tous les pouvoirs légitimes.

La fête qui nous rassemble est donc, s'il m'est permis de le dire, celle de la renaissance de la société. Les lois civiles l'ont en effet raffermie sur ses fondemens, et c'est alors que le caractère national s'est hâté de reparaître. Lorsqu'un peuple long-tems séduit par de faux guides, se rallie autour de la gloire, lorsqu'il recommence à honorer les grandes actions par des monumens durables, les sentimens du juste et du beau rentrent dans tous les cœurs, et l'ordre social est rétabli. Les statues qu'on érige à ces hommes privilégiés qui sont faits pour conduire la foule, indiquent à tous les autres le chemin du véritable honneur.

Autour de ces monumens dressés par la reconnaissance publique, on voit se manifester les affections les plus douces et les plus nobles du cœur humain. L'enthousiasme de la gloire et de la vertu se communique à toutes les âmes, élève toutes les pensées, agrandit tous les talens, et peut enfanter tous les prodiges. Tel est l'état de la société réparée.

Au contraire, quand le corps politique tombe en ruines, tout ce qui fut obscur attaque tout ce qui fut illustre. La bassesse et l'envie parcourent les places publiques en outrageant les images révérées qui les décorent. On persécute la gloire des grands hommes jusque dans le marbre et l'airain qui en reproduisent les traits. Leurs statues tombent, on ne respecte pas même leurs tombeaux. Le citoyen fidèle ose à peine dérober en secret quelques-uns de ces restes sacrés. Il y cherche en pleurant l'ancienne gloire de la patrie, et leur demande pardon dé tant d'ingratitude. Cependant il ne désespère jamais du salut de l'État; et même au milieu de tous les excès, il attend le réveil de tous les sentimens généreux.

Ces sentimens se sont ranimés de toutes parts; mais leur retour fut préparé par l'homme supérieur qui nous rendit peu à peu toutes nos anciennes habitudes. C'est lui qui, dans les premiers jours de son gouvernement, honora les cendres de Turenne, et fit placer dans son Palais les bustes de tous ces héros dont il égale la renommée. Déjà les artistes animés par sa voix se préparent à relever sur nos places désertes les statues des plus grands hommes français. Celui qui montra tant de respect pour leur mémoire, mérite que la sienne vive à jamais. Que ses leçons et ses exemples se perpétuent! que ses successeurs, formés par des frères dignes de lui, obtiennent un jour les mêmes honneurs! Les souvenirs de cette solennité peut former une race de héros. Il nous sera toujours présent, il se confondera pour nous avec celui du jour solennel où l'empereur ouvrit notre session. Quand son trône s'élevait à cette même place, quand sa grande âme s'exprimait toute entière dans des paroles si dignes de ses actions, rien ne manquait sans doute à notre gloire, mais il manquait quelque chose à notre bonheur. Celle dont la présence embellit toutes les fêtes n'était point dans cette enceinte; aujourd'hui nos yeux peuvent la contempler; les émotions de son cœur en ce moment répandent un nouveau charme sur elle, et chacun de nous en la regardant aime encore mieux celui dont elle partage la grandeur, et dont nous venons d'inaugurer l'image.

RÉPONSE

DE M. LE PRÉSIDENT DU CORPS LÉGISLATIF

A une Commission du Gouvernement, le 5 mars 1806.

M. le Ministre de l'intérieur et MM. les conseillers d'état, la présence et les paroles de l'empereur avaient laissé dans ces lieux des impressions profondes qui se réveillent quand vous nous parlez de lui. Nous devions être accoutumés aux prodiges ; mais les derniers exploits du vainqueur d'Austerlitz ont pourtant surpris ceux qui l'admiraient le plus, comme s'ils ne le connaissaient pas encore. Il ne fut donné qu'à lui de renouveler toujours l'admiration qui semblait être épuisée. Mais tant de triomphes ne sont aujourd'hui qu'une partie de sa gloire.

L'homme devant qui l'univers se tait, est aussi l'homme en qui l'univers se confie. Il est à la fois la terreur et l'espérance des peuples. Il n'est pas venu pour détruire, mais pour réparer. Au milieu de tant d'Etats où la vigueur manquait à tous les conseils et la prévoyance à tous les desseins, il a montré tout à coup ce que peut un grand caractère; il a rendu à l'histoire moderne l'intérêt de l'histoire ancienne, et ces spectacles extraordinaires que notre faiblesse ne pouvait plus concevoir. Dès que les sages le virent paraître sur la scène du monde, ils reconnurent en lui tous les signes de la domination, et prévirent que son nom marquerait une nouvelle époque de la société. Ils se gardèrent bien d'attribuer à la seule fortune cette élévation préparée par tant de victoires et soutenue par une si haute politique. La fortune est d'ordinaire plus capricieuse; elle n'obéit si long-tems qu'aux génies supérieurs. Qui ne reconnaît l'ascendant de celui qui nous gouverne? Puissent les exemples qu'il donne à l'Europe n'être pas perdus, et que tout ce qu'il y a de gouvernemens éclairés sur leurs véritables intérêts se réunisse autour du sien, comme autour d'un centre nécessaire à l'équilibre et au repos général!

Mais quelle que soit au-dehors la renommée de nos armes et l'influence de notre politique, le corps législatif craindrait presque de s'en féliciter, si la prospérité intérieure n'en était pas la suite nécessaire. Notre premier vœu est pour le peuple ; nous devons lui souhaiter le bonheur avant la gloire. Ce vœu qui est la première pensée de l'empereur, sera rempli. Nous en avons pour garant ses promesses, dont nous voyons déjà l'accomplissement dans le tableau que vous avez développé. Le système des finances va devenir plus simple, le revenu public s'accroîtra, et le peuple sera soulagé. Le même esprit anime tout ; et lorsque nous entendions rappeler tant de travaux presque aussitôt achevés qu'entrepris, les canaux ouverts dans les campagnes, les chemins tracés sur les sommets des Alpes, les hospices enrichis par l'économie et la probité, les temples réparés, les villes embellies, chacun de nous songeait au ministre digne de concourir, par ses lumières et son zèle, aux bienfaits d'une administration si sage et si puissante.

M. le ministre de l'intérieur, MM. les conseillers d'état, le corps législatif vous donne acte de l'exposé que vous venez de lui faire. Il se formera en comité général pour s'occuper de cette communication.

DISCOURS

DE M. LE PRÉSIDENT DU CORPS LÉGISLATIF,

PRONONCÉ LE 11 MAI 1806,

Lors de la présentation des Drapeaux conquis.

MESSIEURS les orateurs du conseil d'état , il était juste aussi qu'en distribuant à tous les grands corps de l'État les drapeaux conquis par nos braves armées , le vainqueur n'oubliât pas l'enceinte où se rassemblent tous les députés de ce peuple qui donne son sang et ses subsides pour la gloire du trône et la défense de la patrie. Le conquérant vient déposer en ce jour une partie de ses trophées , devant cette même statue que nous érigions l'année dernière au législateur. Il semble nous dire, par cet hommage d'un genre nouveau, que l'art de vaincre, à ses yeux, n'est rien sans l'art de gouverner.

A toutes les nobles idées qu'ont déjà fait naître

ailleurs de semblables cérémonies , se mêle ici pour nous un intérêt plus vif et plus touchant. Les étendards qui nous sont offerts , sont ceux-là mêmes qu'enlevèrent aux ennemis les bataillons commandés par deux illustres généraux qui sont nos collègues (1). Un tel choix manifeste à notre égard l'attention la plus honorable , et le corps législatif, en suspendant ces étendards autour des murs qu'il habite, va, pour ainsi dire, s'environner de sa propre gloire.

Ce corps, dont j'ai l'honneur d'être l'organe , n'était point réuni quand une campagne de six semaines a changé l'état de l'Europe. Il n'a donc pu faire entendre sa voix dans cette première ivresse du succès, qui favorise l'éloquence et l'enthousiasme. Les éloges seraient aujourd'hui sans but , et cette pompe serait superflue, s'il ne fallait y rappeler qu'une de ces victoires ordinaires qui restent sans influence, et méritent à peine un souvenir. La gloire des triomphes militaires s'estime par les résultats qu'elle produit : plus ils se développent, et plus elle augmente. A ce titre on célébrera toujours avec une admiration nouvelle cette bataille d'Austerlitz, qui a repoussé les Russes dans leurs déserts , et

____

(1) Le maréchal Masséna, le général Oudinot.

qui, suivant les premiers orateurs anglais eux-mêmes (1), *a séparé comme autrefois la Grande-Bretagne du reste du Monde.*

Combien l'aspect de ces drapeaux retrace à nos yeux d'événemens mémorables! A quelle époque le génie de la guerre a-t-il montré plus d'audace et de combinaisons? Comment cette armée, que je cherche encore aux rives de la Manche, est-elle déjà campée sur les bords du Danube? Quel général fut mieux éclairé par cet instinct merveilleux que ne peut comprendre la raison vulgaire, et qui est le secret des grands hommes? C'est en vain que ce héros s'éloigne des côtes de l'Angleterre; il ne les perd jamais de vue; il précipite sa marche; un mois s'écoule à peine, et Londres est à demi-vaincue dans les murs de Vienne.

Il a prédit, avant son départ, ses succès et toutes les fautes de ses ennemis. Il fait entrer dans ce calcul et la rapidité de sa marche et la lenteur de leurs mouvemens; et l'incertitude de leurs conseils et la constance des siens, et sur-

---

(1) Lisez les discours de MM. Windham et Fox, dans les dernières séances du parlement d'Angleterre. C'est, maintenant, disent-ils, qu'on peut nous appliquer le vers de Virgile :

Penitus toto divisos orbe Britannos.

4

tout la vieillesse de leurs habitudes et la nou-
veauté de ses entreprises.

Oserais-je le dire cependant ! Ce génie militaire, si profond quand il conçoit, si hardi quand
il exécute, trente mille hommes mettant bas les
armes, Vienne ouvrant ses portes , deux cours
alliées confondues, des trônes élevés et détruits,
tous ces prodiges ne sont pas ce que j'admire
davantage. C'est là ce que l'Univers attendait
d'un si grand capitaine. Mais ce qui m'étonne
véritablement, c'est de ne voir jamais les affaires
civiles négligées dans le tumulte des armes ; c'est
de retrouver le père de la patrie jusque dans les
champs de carnage.

Du haut de ce bivouac où , placé à 3oo lieues
de sa capitale , il observe les fausses manœuvres de
ses ennemis et marque leur défaite, son œil, qui
embrasse l'Europe entière , distingue , au fond
des provinces les plus reculées de la France, les
moindres détails du gouvernement intérieur ; il
il porte toutes les idées d'ordre public au milieu
de la licence des camps; il administre en même-
tems qu'il combat; le soir d'une victoire il fonde
des écoles pour l'étude des lois. Avant de livrer
la bataille , il avait ordonné la fête qui devait
célébrer le triomphe. Nous apprenons tout à
coup que de nouveaux embellissemens sont pré-

parés pour nos villes ; que des canaux se multi-
plient pour les besoins des campagnes ; que les
fabriques nationales sont encouragées ; que nos
hôpitaux se réparent , s'enrichissent , et ces dé-
crets bienfaisans sont datés du palais de Marie-
Thérèse, ou de cette tente à demi-déchirée qu'il
habite au milieu des orages de l'hiver et des fri-
mas de la Moravie. Les délassemens de l'esprit
se joignent même aux occupations guerrieres : un
jeune talent s'élève , il le récompense ; une doctrine funeste est publiée, il la condamne avec le
ménagement convenable pour le nom de l'auteur ; et devant les trônes que son courage vient
d'ébranler, sa haute sagesse proclame les idées
morales et religieuses qui les raffermissent. En
un mot, à chaque poste militaire où il s'arrête
un moment, je le vois signer quelques lois sages,
méditer quelques travaux pour les jours de la
paix, comme s'il était assis tranquillement au
milieu de son conseil.

Voilà ce qu'il est rare de trouver dans la vie
des conquérans, et voilà ce que les députés du
peuple aiment à louer dans leur monarque : re-
disons-le à nos ennemis du haut de cette tribune :
il est aussi propre aux vertus pacifiques qu'aux
vertus guerrières. S'il était bien connu d'eux, s'ils
entendaient surtout leurs véritables intérêts, le

traité qui désarmera l'Europe serait bientôt con-
clu. Pourquoi veulent-ils éternellement provo-
quer à la guerre celui qui en possède tous les secrets ? Eux-mêmes, par leurs attaques inconsi-
dérées, fortifient sa puissance ; c'est à l'aide de
leurs faux calculs que s'est élevé l'édifice toujours croissant de sa fortune et de ses hautes destinées. Plus ils prétendront resserrer ses frontières, et plus il les agrandira. Leurs vaisseaux à
la vérité voyagent sur toutes les mers, mais il les
repousse de tous ses ports, et pour armer contre
eux tous les rivages, il renferme peu à peu les mers
dans les limites de son vaste Empire. Ah ! puissent-
ils enfin permettre à ce courage invincible de s'arrêter lui-même où la nature des choses et l'intérêt
de l'avenir doivent lui indiquer les bornes de sa
domination naturelle ! qu'ils ne le forcent point
d'enfanter encore une de ces pensées par qui
change le sort des empires, ils ont assez senti son
ascendant ; et sans doute ils ne voudront plus
qu'il leur prépare, comme dans les champs de
Marengo ou d'Austerlitz, une de ces journées
fécondes en changemens pour plus d'un siècle.

Je trouve dans cette cérémonie même tout ce
qui confirme ces grandes vérités. Le trône de
Naples tombe, et du fond de ses ruines s'élève un
cri contre ses alliés qui le livrent, en fuyant,

au juste courroux d'un vainqueur qu'indigne la
foi violée. Malheur à moi si je foulais aux pieds
la grandeur abattue ! Plus j'ai de plaisir à contempler tous ces rayons de gloire qui descendent sur
le berceau d'une dynastie nouvelle, moins je
veux insulter aux derniers momens des dynasties
mourantes. Je respecte la majesté royale jusque
dans ses humiliations ; et même quand elle n'est
plus, il reste je ne sais quoi de vénérable dans
ses débris. Mais l'histoire est pleine de ces
grandes catastrophes. Partout la force et l'ha-
bileté saisissent les sceptres que laissent tomber la
faiblesse et l'imprudence ; et si ces nouveaux jeux
de la fortune font couler les larmes des rois,
celles des peuples seront au moins essuyées. Oui,
cette ville que les volcans dont elle est voisine
agitèrent moins que ses révolutions politiques,
va respirer sous un Gouvernement paternel. La
France lui fait un don inestimable, en lui
envoyant un prince qui montra toutes les vertus
privées dans la retraite, toutes les lumières et
tous les talens dans les négociations à la tête
des conseils, dans les assemblées du Sénat, et
qui, dès qu'il a paru sur le théâtre de la guerre, a
prouvé que l'héroïsme était un apanage de
son nom. Il va donner au plus beau pays de
l'Europe des mœurs nouvelles. Il y secondera

la nature qui a tout fait pour y rendre les hommes heureux. Il régnera, et les bénédictions de ses sujets légitimeront tous ses droits ; car j'aime à le dire en finissant : à l'aspect de ces drapeaux, devant ces braves qui ne me désavoueront pas, et surtout aux pieds de cette statue qu'on invoque toutes les fois qu'il faut parler de la gloire, j'aime à dire que l'amour et le bonheur des peuples sont les premiers titres à la puissance, que seuls ils peuvent expier les malheurs et les crimes de la guerre, et que sans eux la postérité ne confirmerait pas les éloges que les contemporains donnent aux vainqueurs.

DISCOURS

DE M. LE PRÉSIDENT DU CORPS LÉGISLATIF,

PRONONCÉ

Le jour de l'inauguration de la statue de Bonaparte.

MONSEIGNEUR,

Jamais une plus noble fête ne fut donnée par la victoire ; et jamais la fortune n'offrit en même tems un plus mémorable exemple de ses catastrophes et de ses jeux. Ô vanité des jugemens humains ! ô courtes et fausses prospérités ! Toutes les voix de la renommée célébrèrent cinquante ans la gloire de la monarchie prussienne. On donnait pour modèle à tous les Etats , et les tactiques de son armée et les épargnes de son trésor , et les lumières de son gouvernement. Le 18e siècle était fier de compter le plus illustre des rois parmi les élèves de sa philosophie ! Vingt ans se sont écoulés à peine , et dès le premier choc , ce gouvernement , où l'on trouvait plutôt une armée qu'un peuple , a laissé voir sa faiblesse véritable. Une seule bataille a fait succomber ces phalanges tant de fois victorieuses , qui , dans la guerre de sept ans , avaient surmonté les efforts de l'Autriche , de la Russie et de la France conjurées. Est-ce donc là ce qu'avaient promis ces talens éprouvés , cette longue expérience des plus vieux généraux de l'Europe , ces camps annuels où toutes les théories militaires étaient développées , ces revues si fameuses , ces manœuvres si savantes , que d'un bout de l'Europe à l'autre les capitaines les plus instruits venaient étudier sur les rives de la Sprée ? Ce nouvel art de la guerre dont on allait chercher à grand bruit tous les secrets à Potsdam , vient de céder aux combinaisons d'un art encore plus vaste et plus hardi. Jouissons d'un si grand triomphe , mais honorons , après les avoir conquis , ces restes de la grandeur prussienne , où sont encore empreints tant de souvenirs héroïques , et sur lesquels semble gémir l'ombre de Frédéric-le-Grand.

Lorsqu'autrefois dans cette ville maîtresse du Monde , un illustre Romain (1) venait suspen-

---

(1) Paul Emile. *Voyez* Plutarque.

dre aux murs du Capitole les dépouilles du royaume de Macédoine, il ne put se défendre d'une profonde émotion, en songeant aux exploits d'Alexandre, et en contemplant les calamités répandues sur sa maison. Le héros de la France n'a pas été moins attendri quand il est entré dans ces palais tristes et déserts que remplissait autrefois de tant d'éclat le héros de la Prusse. On l'a vu saisir avec un religieux enthousiasme cette épée dont il fait un si noble don à ses vétérans; mais il a défendu que les armes et les aigles prussiennes, que tout cet amas de trophées conquis sur les descendans d'un grand roi traversât les lieux où sa cendre repose, de peur d'affliger ses mânes et d'insulter son tombeau (1).

Je crois donc entrer dans la pensée du vainqueur en rendant hommage aux vaincus devant ces drapeaux mêmes qu'ils n'ont pu défendre, mais qu'ils ont teint d'un sang glorieux. Si des régions élevées qu'ils habitent les grands hommes que la terre a perdus s'intéressent encore aux choses humaines, Frédéric a pu reconnaître, jusque dans leurs derniers soupirs, les vieux compagnons formés à son école, et morts dignement

---

(1) L'Empereur a défendu qu'on fît passer dans la ville de Postdam, lieu où est mort Frédéric, les drapeaux conquis sur les Prussiens.

sur les ruines de sa monarchie. Il n'a point vu tomber sans gloire ces jeunes princes de sa maison qui ont mordu la poussière aux champs d'Iéna, ou qui, après d'illustres faits d'armes, ont signé des capitulations et reçu des fers honorables. O comme il est juste de plaindre la valeur malheureuse ! O comme il est doux de pouvoir estimer les ennemis qu'on a défaits ! Oui, et j'aime à le dire au milieu de tous ces juges de la vraie gloire dont je suis environné ; oui, le monarque prussien lui-même, aujourd'hui sans capitale et presque sans armée, a pourtant soutenu sa dignité dans la bataille qui lui fut si funeste, et n'a manqué ni aux devoirs d'un chef ni à ceux d'un soldat.

Mais ces dernières étincelles du génie de Frédéric n'avaient point assez de force et d'activité pour ranimer une monarchie dont la puissance artificielle manquait peut-être de ces institutions politiques, et de ces principes conservateurs qui maintiennent les sociétés. Des sages, je ne peux le dissimuler, ont fait quelques reproches à Frédéric. S'ils admirent en lui l'administrateur infatigable et le grand capitaine, ils n'ont pas la même estime pour quelques opinions du philosophe-roi. Ils auraient voulu qu'il connût mieux les droits des peuples et la dignité de l'homme. Aux écrits du *philosophe de Sans-Souci* , ils opposent avec avantage ce livre où Marc-Aurèle , qui fut aussi guerrier et philosophe , rend grâce au ciel, en commençant , de lui avoir donné une mère pieuse et de bons maîtres qui lui ont inspiré la crainte et l'amour de la Divinité. Au lieu de cette philosophie dédaigneuse et funeste qui livre au ridicule les traditions les plus respectées , les sages dont je parle aiment à voir régner cette philosophie grave et bienfaisante , qui s'appuie sur la doctrine des âges qui enfante les beaux sentimens, qui donne un prix aux belles actions , et qui fit plus d'une fois, en montant sur le trône , les délices et l'honneur du genre humain. Ils pensent , en un mot , qu'un roi ne peut impunément professer le mépris de ces maximes salutaires qui garantissent l'autorité des rois.

Je m'arrête : il me siérait mal en ce moment d'accuser avec trop d'amertume la mémoire d'un grand monarque dont la postérité vient de subir tant d'infortunes. Son image n'est déjà que trop attristée du spectacle de notre gloire et de ces pompes triomphales que nous formons des débris de son diadème. Mais s'il ne faut pas se montrer trop sévère envers lui, il faut être juste envers un autre grand homme qui le surpasse ; et quand

Frédéric eut l'imprudence de proclamer dans sa cour ces flétrissantes doctrines qui détruisent tôt ou tard l'ordre social, dois-je oublier que Napoléon a remis en honneur ces nobles doctrines qui réparent tous les maux de l'athéisme et de l'anarchie?

Ainsi dans cette partie de son histoire comme dans toutes les autres, notre monarque n'a plus de rivaux; et pour ne point sortir de l'art de la guerre dont cette cérémonie auguste rappelle tous les prodiges, combien tout ce qui fut grand disparaît à côté des entreprises extraordinaires dont nous sommes témoins? On combattait, on négociait jadis pendant des années pour la prise de quelques villes, et maintenant quelques jours décident le sort des royaumes. Quel nom militaire, quel talent politique, quelle gloire ancienne ou moderne ne s'abaisse désormais devant celui qui, des mers de Naples jusqu'aux bords de la Vistule, tient en repos tant de peuples soumis; qui, campé dans un village sarmate, y reçoit, comme à sa cour, les ambassadeurs d'Ispahan et de Constantinople étonnés de se trouver ensemble; qui réunit dans le même intérêt les sectateurs d'Omar et d'Ali; qui joint d'un lien commun et l'Espagnol et le Batave, et le Bavarois et le Saxon; qui, pour de plus vastes dessins encore fait concourir les mouvemens de l'Asie avec ceux de l'Europe, et qui montre une seconde fois, comme sous l'Empire romain, le génie guerrier s'armant de toutes les forces de la civilisation, s'avançant contre les barbares, et les forçant de reculer vers les bornes du Monde.

Ce n'est point à moi de lever le voile qui couvre le but de ces expéditions lointaines. Il me suffit de savoir que le grand homme par qui elles sont dirigées n'est pas moins admirable dans ce qu'il cache que dans ce qu'il laisse voir, et dans ce qu'il médite que dans ce qu'il exécute. Veut-il relever ces antiques barrières qui retenaient aux confins de l'Univers policé toutes ces hordes barbares dont le Nord menaça toujours le Midi ? Sa politique n'a point encore parlé : attendons qu'il s'explique, et remarquons surtout que ce silence est le plus sûr garant de ses intentions pacifiques.

Il a voulu, il veut encore la paix : il la demanda au moment de vaincre, il la redemande après avoir vaincu. Quoique tous les champs de bataille qu'il a parcourus dans trois parties du Monde aient été les théâtres constans de sa gloire, il a toujours gémi des désastres de la guerre. C'est parce qu'il en connaît tous les fléaux qu'il a soin de les porter loin de nous. Cette

grande vue de son génie militaire est un grand
bienfait. Il faut payer la guerre avec les subsides
étrangers, pour ne pas trop aggraver les charges
nationales. Il faut vivre chez l'ennemi pour ne
point affamer le peuple qu'on gouverne. La sécurité intérieure est alors le prix de ces fatigues
inouïes, de ces privations sans nombre, de ces
dangers de tous genres auxquels se dévoue l'héroïsme. Comparez à notre situation présente
celle des sujets de Frédéric, quand, chassé deux
fois de sa capitale malgré ses exploits, il ne pouvait, même après la victoire, défendre l'industrie de ses villes et les moissons de ses campagnes contre la férocité du Russe et le pillage de
l'Autrichien. Telle n'est point notre destinée.
Paris, l'Empire entier reposent dans un calme
profond sous l'autorité de cette même main qui
répand la terreur à trois cents lieues de nos frontières. Les lois du chef de l'État nous sont trans-
mises avec sagesse par un représentant digne de
les interpréter, habile dans toutes les carrières
administratives, orné de toutes les vertus civiles,
et qui possède pour nous la première de toutes
les qualités, celle de bien connaître l'esprit français
qu'il faut suivre quelquefois pour le mieux conduire. La confiance du souverain ne pouvait être
mieux placée que dans un homme d'État dont

la parole fut toujours fidèle, et dont l'accueil sa-
tisfait tous les cœurs. A ces traits, qui sont faciles à reconnaître, les yeux de cette assemblée
se tournent vers vous, Monseigneur, et ses
éloges confirment le mien.

Mais en jouissant de l'intégrité de notre territoire, et des bienfaits d'une administration
paisible et régulière, songeons par quels travaux
ces avantages sont achetés. Combien de reconnaissance et d'admiration doit accompagner
cette brave armée qui, dans les solitudes de la
Pologne, combattait tous les besoins et tous les
périls, et qui triompha des saisons comme des
hommes! Quel orateur pourra louer dignement
cette garde impériale, dont chaque compagnie
vaut un grand corps d'armée, et tous ces soldats
enfin dont chacun mérite d'entrer dans cette
garde invincible! Quels honneurs décernerons-
nous à ces lieutenans du chef suprême, à ces
guerriers qui dans toute autre armée auraient le
premier rang, et qui dans celle-ci sont plus
contens et plus fiers d'occuper à une longue
distance la seconde place! Ce n'est point assez
de vaincre pour ces invincibles légions, elles
veulent encore, avec une magnanimité vraiment
française, effacer jusqu'au souvenir des défaites
de leurs ancêtres. Après avoir repris dans les

arsenaux de l'Autriche l'armure de François I.er, captif à Pavie, elles ramènent à Paris cette colonne injurieuse qui s'élevait dans les champs de Rosback, et font ainsi du monument de nos revers, un nouveau monument de nos triomphes.

Quelques-uns des braves vétérans qui m'écoutent ont peut-être vu cette fatale journée où le talent des généraux n'a pas secondé la valeur des soldats. Ils se consoleront de leur défaite, en attachant l'épée de leur vainqueur aux voûtes de ce temple. Cette épée reposera sous leur garde à côté du tombeau de Turenne, et quelquefois la contemplant avec une joie mêlée de respect, ils se diront : Si elle a vaincu les pères, elle fut conquise par les enfans. L'aspect de ce trophée fera naître encore de plus graves réflexions sur les causes qui élèvent les trônes ou qui précipitent leur chute. Il redira sans cesse combien la mort ou la vie d'un seul homme peut ôter ou mettre de poids dans la balance des destinées.

En effet, rappelons-nous cette époque où le Monde étonné vit paraître à côté des grandes puissances ces princes de la maison de Brandebourg, qui n'étaient pas même inscrits au premier rang des électeurs! reportons-nous à leur berceau, suivons les progrès de leur fortune,

(65)

voyons leur monarchie s'accroître et s'affermir
sans relâche, et par les armes et par les négociations, et par la violence et par la ruse, et par ce
génie audacieux et circonspect, suivant les con-
jonctures, qui menace ou qui cède à propos, et
qui toujours soumis au calcul de l'intérêt, change
avec le tems d'alliés, d'ennemis et de desseins.
Quel événement a suspendu le cours de tant de
prospérités? La Prusse avait-elle affaibli le nombre de ses armées? Non, ses armées étaient
complètes, et nous entendions citer encore leur
bravoure et leur discipline. Avait-elle dissipé son
trésor? Non, le désordre introduit dans ses
finances par des prodigalités passagères était ré-
paré par une sage économie. Elle ne manquait
ni de bras ni de richesses; elle possédait encore
tout ce qui fait en apparence la force et la sûreté
des Empires, de l'or, du fer et du courage.
Comment ces jours d'abaissement et de deuil fu-
rent-ils donc amenés si vite? L'homme qui créa,
qui fit mouvoir, qui soutint long-tems ce grand
corps a fini sa carrière, et tout a succombé peu à
peu avec la colonne qui portait tout, et dans le
mausolée de Frédéric s'est enfermé, pour ne plus
reparaître, cet esprit à la fois belliqueux et politique dont il animait ses soldats, ses généraux,
ses ministres, son peuple, et le système entier

5

d'une immense administration. Voilà comme la mort d'un seul homme est la perte de tous.

« Au contraire, quel autre spectacle s'offre à vos yeux ! une grande monarchie avait vu tous les fléaux fondre sur elle ; et, n'ayant plus de roi et plus d'autels, plus de guide et plus de sauvegarde, elle tombait de précipice en précipice entre ses anciennes et ses nouvelles constitutions également violées. L'espoir était même perdu, car malgré dix ans de calamités et de crimes, la patrie était encore livrée aux cruelles expériences de cet orgueil novateur qui toujours trompé, se croit toujours infaillible, et qui, au risque de perdre toute une nation et lui-même, accumule les fautes et les excès de tout genre, plutôt que de faire l'aveu d'une seule erreur.

Cependant du fond de l'Égypte un homme revient seul avec sa fortune et son génie. Il débarque, et tout est changé. Dès que son nom est à la tête des conseils et des armées, cette monarchie, couverte de ses ruines, en sort plus glorieuse et plus redoutable que jamais ; et voilà comme la vie d'un seul homme est le salut de tous.

Ah ! que ce double tableau et des destins de la Prusse et de ceux de la France, nous donne encore plus d'attachement, s'il est possible, pour celui qui fait notre repos et notre gloire !

que ce grand homme qui nous est si nécessaire vive long-tems pour affermir son ouvrage ! que ses frères, également chéris dans son Sénat ou dans ses camps, au milieu de la France, ou sur les trônes étrangers qu'il leur partage, que des enfans, que des neveux dignes de lui, transmettent aux nôtres le fruit de ses institutions et le souvenir de ses exemples ! Mais, hélas ! quand je forme, bien moins pour lui que pour nous, ces vœux accueillis par tous les cœurs français, un enfant royal vient d'entrer dans la tombe ; et les regrets de son auguste famille se mêlent à nos chants de victoires.

Peut-être en ce moment le Héros qui nous sauva pleure dans sa tente à la tête de trois cent mille Français victorieux, et de tant de princes et de rois confédérés qui marchent sous ses enseignes ! Il pleure, et ni les trophées accumulés autour de lui, ni l'éclat de vingt sceptres qu'il tient d'un bras si ferme, et que n'a point réunis Charlemagne lui-même, ne peuvent détourner ses pensées du cercueil de cet enfant dont ses ses mains triomphantes ont aidé les premiers pas, et devaient cultiver un jour l'intelligence prématurée. Ah ! qu'il n'ignore pas au moins que ses malheurs domestiques ont été sentis comme un malheur public, et qu'un si doux témoignage

de l'intérêt national lui porte quelques consolations. Toutes nos alarmes pour l'avenir sont
des hommages de plus que nous lui rendons.
Puisse surtout la fortune se contenter de cette
jeune victime qu'elle a frappée, et qu'en secon-
dant toujours les projets du plus grand des souverains, elle ne lui fasse plus payer sa gloire par
de semblables malheurs!

~~~~~~

RÉPONSE

DE M. LE PRÉSIDENT DU CORPS LÉGISLATIF

A une communication du Gouvernement.

———

Monsieur le ministre de l'intérieur,
messieurs les conseillers d'état,

Le tableau que vous avez mis sous nos yeux semble offrir l'image d'un de ces rois pacifiques uniquement occupés de l'administration intérieure au milieu de leurs états ; et cependant tous ces travaux utiles, tous ces sages projets qui doivent les perfectionner encore, furent ordonnés et conçus dans le bruit des armes, aux derniers confins de la Prusse conquise, et sur les frontières de la Russie menacée. S'il est vrai qu'à cinq cents lieues de la capitale, parmi les soins et les fatigues de la guerre, un héros prépara tant de bienfaits, combien va-t-il les accroître en revenant au milieu de nous ! le bonheur pu-
~~~~~~

public l'occupera tout entier, et sa gloire en sera plus touchante.

Nous sommes loin de refuser à l'héroïsme les hommages qu'il obtint dans tous les tems. La philosophie outragea plus d'une fois l'enthousiasme militaire; osons ici le venger.

La guerre, cette maladie ancienne et malheureusement nécessaire, qui travailla toutes les sociétés, ce fléau dont il est si facile de déplorer les effets, et si difficile d'extirper la cause; la guerre elle-même n'est pas sans utilité pour les nations. Elle rend une nouvelle énergie aux vieilles sociétés; elle rapproche de grands peuples long-tems ennemis, qui apprennent à s'estimer sur le champ de bataille; elle remue et féconde les esprits par des spectacles extraordinaires; elle instruit surtout le siècle et l'avenir, quand elle produit un de ces génies rares, fait pour tout changer.

Mais pour que la guerre ait de tels avantages, il ne faut pas qu'elle soit trop prolongée, où des maux irréparables en sont la suite : les champs et les ateliers se dépeuplent; les écoles où se forment l'esprit et les mœurs sont abandonnées, la barbarie s'approche, et les générations, ravagées dans leur fleur, font périr avec elles les espérances du genre humain.

Le corps législatif et le peuple français bé-
nissent le grand prince qui finit la guerre avant
qu'elle ait pu nous faire éprouver d'aussi désas-
treuses influences , et lorsqu'elle nous porte au
contraire tant de nouveaux moyens de force , de
richesses et de population. La guerre qui épuise
tout, a renouvelé nos finances et nos armées.
Les peuples vaincus nous donnent des subsides,
et la France trouve des soldats dignes d'elle chez
les peuples alliés.

Nos yeux ont vu les plus grandes choses.
Quelques années ont suffi pour renouveler la
face du monde. Un homme a parcouru l'Europe en ôtant et en donnant les diadêmes. Il dé-
place, il resserre, il étend à son choix les frontières des empires : tout est entraîné par son ascendant. Hé bien ! cet homme couvert de tant de
gloire, nous promet plus encore ; paisible et désarmé, il prouvera que cette force invincible ,
qui renverse en courant les trônes et les empires , est au-dessous de cette sagesse vraiment
royale qui les conserve par la paix , les enrichit
par l'agriculture et l'industrie , les décore par les
chefs-d'œuvre des arts , et les fonde éternellement sur le double appui de la morale et des lois.

DISCOURS

DE M. LE PRÉSIDENT DU CORPS LÉGISLATIF À L'IMPÉRATRICE JOSÉPHINE,

Prononcé le 8 février 1807.

MADAME,

La moitié de nos vœux est remplie. La présence de V. M. va nous faire attendre, moins impatiemment, un autre retour que tous les Français désirent avec vous. Le plus brave de tous les peuples est quelquefois tenté de se plaindre qu'il a trop de gloire, en songeant qu'il reste séparé du monarque dont cette gloire est l'ouvrage. Mais il respecte de grands desseins, et se confie, sans murmure et sans inquiétude, à cette main puissante qui peut tout abattre et tout relever ; qui, dans si peu de jours, détruisit la monarchie de Frédéric-le-Grand, porta la terreur jusqu'aux froutières du vaste Empire des czars, rendit l'espérance à la Pologne et l'énergie à l'empire ottoman. Tandis que les hautes conceptions de la politique sont exécutées si loin de nous par le génie de la Victoire, nous pouvons au moins exprimer à V. M. l'admiration qu'elles ont fait naître dans toute la France. Cette âme, qui doit jouir si vivement des triomphes du vainqueur, daigne répondre à la nôtre, et Paris se console de ne point revoir encore celui qui donne au trône tant de gloire, puisqu'il retrouve en vous celle qui prêta toujours au pouvoir tant de charmes, de douceur et de bonté.

DISCOURS

DU PRÉSIDENT DU CORPS LÉGISLATIF A L'EMPEREUR,

Prononcé le 23 août 1805.

SIRE,

Le corps législatif vient déposer aux pieds du trône de Votre Majesté, l'adresse de remerciement qu'il a votée d'une voix unanime. Il l'offre moins au conquérant qu'au pacificateur de l'Europe. Qu'on s'efforce de retracer dignement, s'il est possible, les merveilles de votre dernière campagne, et ces triomphes d'abord si rapides qui renversèrent une grande monarchie, et cette constance plus héroïque encore qui sait attendre et préparer le jour de la victoire, au milieu de tant d'obstacles qu'opposent les lieux, les saisons et les hommes ; qu'on nous montre ces soldats in-

fatigables comme leur chef, campés six mois
avec lui dans les glaces du Nord, et bravant les
hivers de la Pologne comme les étés de la Syrie;
qu'on peigne enfin ce repos toujours menaçant
qui doit finir par un éclat terrible, et surtout le
moment décisif annoncé d'avance par vous-
même, où ces âpres climats, devenus moins rigoureux, permettent à votre génie d'achever le
triomphe et de contraindre les vaincus à la paix;
ce n'est point nous qui devons redire tant de travaux et tant d'exploits : quelque admirables qu'ils
soient, ils ont coûté des larmes; ils ont inspiré
même au vainqueur des regrets qui l'ont fait
chérir davantage.

Nous cherchons des spectacles plus consolans;
nous aimons mieux vous suivre aux bords de ce
fleuve, où, sans appareil guerrier, deux barques
portent deux empereurs, et avec eux les destinées du Monde. Jour mémorable ! jour unique
dans tous les âges ! ces deux armées en présence,
qui bordent les deux rives du Niémen, con-
templent avec étonnement une entrevue si pacifique, après des combats si meurtriers, et tout
à coup 400,000 soldats italiens et bataves, scythes et sarmates, germains et français, laissent
tomber leurs armes, quand les deux plus grands
souverains de la terre s'avancent au milieu du

fleuve pour régler eux-mêmes le sort de leurs Etats, et se donnent la main en signe de réconciliation. Alexandre et Napoléon se rapprochent, la guerre cesse, et cent millions d'hommes sont en repos.

Les intérêts même de l'avenir dépendront peut-être de ces augustes conférences dont le jeune héritier des czars était si digne. Il a pu recevoir d'un seul homme plus d'exemples et de leçons sur l'art de régner, que n'en trouva jadis Pierre-le-Grand, lorsqu'il voulut s'instruire dans ses longs voyages, en parcourant toutes les cours des rois ses contemporains. Le traité de Tilsitt ne laisse plus de prétexte à la guerre continentale. C'est dans ce grand jour que les royaumes et les peuples, les anciens pouvoirs et les pouvoirs nouveaux, ont pris leur place déterminée. C'est là que tout est devenu stable et certain.

La nation, sire, peut désormais espérer que votre présence ne lui sera plus si long-tems ravie, et que sa prospérité intérieure s'accroîtra sous vos regards paternels. Cette nation a bien mérité vos soins et votre amour. On la vit à toutes les époques de votre règne, et particulièrement dans celle-ci, égaler en quelque sorte la grandeur de vos actions par celle de ses sacrifices et de son dévouement. Nous sommes sûrs de de plaire à V. M. en mêlant aux hommages que nous lui devons, l'éloge de ce *bon et grand peuple* ; c'est ainsi que vous le nommez si justement.

Tous nos cœurs se sont émus aux témoignages de votre affection pour les Français. Les paroles bienfaisantes que vous avez fait entendre du haut du trône, ont déjà réjoui les hameaux. Un jour on dira en parlant de vous, et ce sera le plus beau trait d'une histoire si merveilleuse ; on dira que la destinée du pauvre occupait celui qui fait la destinée de tant de rois, et qu'à la fin d'une longue guerre vous avez diminué les charges publiques, tandis que vos mains victorieuses distribuaient avec tant de magnificence des couronnes à vos lieutenans.

Notre premier devoir est de vous rappeler cette magnanime promesse qui ne sera point trompée. Quand vous créez autour de vous des dignités nouvelles, et ces rangs intermédiaires, attributs de la monarchie, dont ils vont augmenter les splendeurs, nous aurons soin de tenir encore de plus près à ce peuple dont nous sommes les organes. C'est là que nous trouverons une dignité qui, pour être moins brillante, n'en est pas moins respectable.

Nous jurons, sire, de ne jamais démentir ces sentimens que vous approuvez, devant ce trône affermi sur tant de trophées et qui domine l'Europe entière.

Et comment n'accueilleriez-vous pas ce langage aussi éloigné de la servitude qu'il le fut de l'anarchie , vous, sire, qui avez fait servir le droit de conquête à l'affranchissement des vaincus , et qui, sur les bords de la Vistule , venez de rétablir l'humanité dans ses priviléges. Le corps législatif secondera de tout son zèle les grands projets d'amélioration que vous méditez.

Bientôt on verra se perfectionner sous l'œil de votre génie nos institutions civiles et politiques. Vous leur donnerez ce caractère de grandeur et de stabilité qui se répand sur vos autres créations ; et pour compléter votre gloire, la vraie liberté qui n'existe qu'avec la vraie monarchie, s'affermira de plus en plus sous un prince tout-puissant.

DISCOURS

PRONONCÉ

PAR M. LE PRÉSIDENT DU CORPS LÉGISLATIF,

Pour la clôture de la session ouverte le 24 septembre 1808.

MESSIEURS LES ORATEURS DU GOUVERNEMENT,

Le corps législatif, en terminant les travaux de cette session, peut se rendre le témoignage que, dans aucune circonstance, il n'a mieux rempli ses devoirs envers le trône et la patrie.

La loi sur les finances est le premier objet de notre mission. Cette loi donne tous les ans la mesure de nos ressources contre l'ennemi, et celle de notre dévouement pour le souverain. Nous l'avons adoptée d'une voix unanime. Plus l'empereur était loin de nous, plus nous lui avons prouvé qu'il était toujours présent dans cette assemblée.

Le même zèle s'est manifesté lorsqu'on nous a

fait la proposition de ces travaux utiles et glorieux, qui seuls immortaliseraient un autre
règne, de ces monumens sans nombre où la magnificence et la bonté brillent à la fois, depuis les
derniers asiles de l'indigence jusqu'aux merveilles du Louvre qu'achèvent tous les arts.

Il est d'autres lois qui ne peuvent obtenir en
naissant une faveur aussi générale. En vain les
esprits les plus éclairés auront réuni toutes leurs
lumières dans un code de jurisprudence, ils ne
pourront le mettre à l'abri de toutes les objections.

L'orateur du gouvernement s'est exprimé sur
ce sujet avec autant de dignité que de sagesse.
Il avait depuis long-tems laissé dans le corps législatif des souvenirs chers et honorables. Il connaît nos sentimens. Il sait que, dans cette enceinte, si quelques avis diffèrent, toutes les intentions se ressemblent. J'ose ajouter que cette
différence d'opinions, sagement manifestée, est
quelquefois le plus bel hommage qu'on puisse
rendre au pouvoir monarchique. Elle prouve
que la liberté, loin de se cacher devant lui, se
montre avec confiance, et qu'elle a cessé d'être
dangereuse.

C'est en restant sur cette juste limite de ses
attributions et de ses devoirs, que le corps législatif pourra justifier l'estime dont il a reçu

un si beau témoignage de S. M. même. Il n'oubliera jamais cette lettre glorieuse écrite au camp de Burgos , et l'envoi des drapeaux qui ont été les prémices de la victoire.

L'empereur est trop accoutumé à vaincre, pour que nous remarquions dans son histoire un triomphe de plus. Il suffit de dire qu'après quelques marches , il était bien au-delà de l'Ebre où s'arrêta Charlemagne, et que , supérieur à tous les grands hommes qui le précédèrent, il ne trouvera point de Roncevaux.

Mais les paroles dont il accompagne l'envoi de ses trophées méritent une attention particulière. Il fait participer à cet honneur les colléges électoraux. Il ne veut point nous séparer d'eux , et nous l'en remercions. Plus le corps législatif se confondra dans le peuple , plus il aura de véritable lustre. Il n'a pas besoin de distinctions , mais d'estime et de confiance. Oui , sans doute, il aime à reconnaître qu'il n'est qu'une émanation des colléges électoraux , répandus dans les cent huit départemens de ce vaste empire ; il est fier d'en sortir et d'y rentrer , puisqu'il peut offrir en leur nom, sans aucun intérêt pour lui-même, l'hommage de trente millions d'hommes au souverain le plus digne de les gouverner.

6

DISCOURS

DE M. LE PRÉSIDENT DU CORPS LÉGISLATIF A L'EMPEREUR,

Prononcé le 27 octobre 1808.

SIRE,

Le corps législatif vient porter aux pieds de Votre Majesté l'adresse de remerciement que vote avec lui le peuple français.

Les sentimens paternels contenus dans le discours que vous avez prononcé du haut du trône, ont répandu partout l'amour et la reconnaissance.

Le premier des capitaines voit donc quelque chose de plus héroïque et de plus élevé que la victoire. Oui, sire, nous le tenons de votre propre bouche; il est une autorité plus puissante et plus durable que celle des armes; c'est l'autorité qui se fonde sur de bonnes lois et sur des institutions nationales. Les Codes que dicta votre sagesse, pénètrent plus loin que vos conquêtes, et règnent sans effort sur vingt nations diverses dont vous êtes le bienfaiteur.

Lé corps législatif doit surtout célébrer ces triomphes paisibles, qui ne sont jamais suivis que des bénédictions du genre humain.

La législation et les finances, c'est là que se renferment nos devoirs, et c'est de vous que nous avons reçu ce double bienfait.

Il vous fut donné de retrouver l'ordre social sous les débris d'un vaste Empire, et de rétablir la fortune de l'Etat au milieu des ravages de la guerre.

Vous avez créé, comme tout le reste, les vrais élémens du système des finances. Ce système, le plus propre aux grandes monarchies, est simple et fixe comme le principe qui les gouverne. Il n'est point soutenu par ces moyens artificiels qui ont toute l'inconstance de l'opinion et des événemens. Il est impérissable comme les richesses de notre sol.

Si quelquefois des circonstances difficiles nécessitent des taxes nouvelles, ces taxes, toujours proportionnées aux besoins, n'en excèdent pas la durée. L'avenir n'est pas dévoré d'avance. On ne verra plus, après des années de gloire, l'Etat succomber sous le poids de la dette publique, et la banqueroute, suivie des révolutions, entr'ouvrir un abîme où se perdent les trônes et la société toute entière.

6.

Ces malheurs sont loin de nous. Les recettes couvrent les dépenses. Les charges actuelles ne seront point augmentées, et vous en donnez l'assurance au moment où d'autres Etats épuisent toutes leurs ressources. Quand vous immolez votre propre bonheur, celui du peuple occupe seul toute votre âme. Elle s'est émue à l'aspect de la grande famille (c'est ainsi que vous nommez la France); et quoique sûr de tous les dévouemens, vous offrez la paix à la tête d'un million de guerriers invincibles.

C'est dans ce généreux dessein que vous avez vu l'empereur de Russie ; jadis, quand des souverains aussi puissans se rapprochaient des bouts de l'Europe, tous les Etats voisins étaient en alarmes. Des présages sinistres et menaçans accompagnaient ces grandes entrevues. Epoque vraiment mémorable ! Les deux premiers monarques du Monde réunissent leurs étendards, non pour l'envahir, mais pour le pacifier.

Votre Majesté, sire, a prononcé le mot de *sacrifices* ; et, nous osons le dire à Votre Majesté même, ce mot achève tous vos triomphes. Certes, la nation ne veut pas plus que vous de ces sacrifices qui blesseraient sa gloire et la vôtre : mais il n'était qu'un seul moyen d'augmenter votre grandeur, c'était d'en modérer l'usage. Vous nous avez montré le spectacle de la force qui dompte tout, et vous nous réservez un spectacle plus extraordinaire, celui de la force qui se dompte elle-même.

Un peuple ennemi prétend, il est vrai, retarder pour vous cette dernière gloire. Il est descendu sur le continent à la voix de la discorde et des factions. Déjà vous avez pris vos armes pour marcher à sa rencontre ; déjà vous abandonnez la France qui, depuis tant d'années, vous a vu si peu de jours : vous partez, et je ne sais quelle crainte inspirée par l'amour et tempérée par l'espérance a troublé toutes les âmes. Nous savons bien pourtant que partout où vous êtes, vous transportez avec vous la fortune et la victoire : la patrie vous accompagne de ses regrets et de ses vœux ; elle vous recommande à ses braves enfans qui forment vos légions fidèles. Ses vœux seront exaucés : tous vos soldats lui jurent sur leurs épées de veiller autour d'une tête si chère et si glorieuse où reposent tant de destinées. Sire, la main qui vous conduisit de merveille en merveille au sommet des grandeurs humaines, n'abandonnera ni la France, ni l'Europe, qui, si long-tems encore, ont besoin de vous.

RÉPONSE

DE M. LE PRÉSIDENT DU CORPS LÉGISLATIF

A'une communication du Gouvernement, le 2 novembre 1808,

MONSIEUR LE MINISTRE DE L'INTÉRIEUR,

MESSIEURS LES CONSEILLERS D'ÉTAT,

Vous avez peint la véritable grandeur du prince en retraçant tous ses bienfaits. Les tableaux annuels de son administration intérieure seront un jour les plus beaux monumens ds son règne. Malheur au souverain qui n'est grand qu'à la tête de ses armées ! heureux celui qui sait gouverner comme il sait vaincre, qui s'occupe sans cesse de travaux utiles pour se délasser des fatigues de la guerre, et dont la main prévoyante sème au milieu de tant de ravages les germes féconds de la félicité publique.

Un seul homme a rempli ces deux grandes destinées. Il a soumis de puissans Etats ; il a traversé l'Europe en vainqueur sous des arcs de triomphe élevés à sa gloire, des bornes de l'Italie jusqu'aux dernières extrémités de la Pologne. C'était assez pour le premier des héros ; ce n'était pas assez pour le premier des rois.

Dans les champs de Marengo et de Jéna, ce génie infatigable méditait le bonheur des peuples. Toutes les idées d'ordre public, tous ces sages conseils qui protégent les sociétés et les Empires l'ont suivi constamment sous la tente militaire. C'est lui qui rouvrit les temples de la religion désolée, et qui sauva la morale et les lois d'une ruine presque inévitable. En un mot, il a plus fondé qu'on n'avait détruit. Voilà ce qui recommande éternellement sa mémoire.

Au milieu de la plus magnifique de nos places, une colonne digne du siècle des Antonins et des Trajan s'est élevée naguère à la voix d'un héros qui les surpasse. On gravera nos exploits sur le bronze glorieux qui doit la couvrir. La victoire, debout sur cette colonne triomphale, montrera l'Italie deux fois soumise, Vienne, Berlin et Varsovie ouvrant leurs portes, nos drapeaux flottans sur les Pyramides ; le Pô, le Danube, le Rhin, la Sprée et la Vistule fléchissant sous nos lois. Les Français s'arrêteront avec orgueil au pied de ce monument.

Le jour n'est pas loin peut-être où nous pourrons ériger au pacificateur de l'Europe un monument plus digne encore de lui. Que tous les arts le décorent des emblêmes de l'agriculture et de l'industrie ! qu'au-dessus dominent les images de la paix et de l'abondance ; qu'on y représente avec elles non des villes abattues, mais des villes reconstruites ; non des fleuves captifs, mais des fleuves confondant leurs eaux pour les besoins du commerce ; non des champs de carnage, mais des campagnes fertilisées ; non la guerre qui brise les trônes, mais la sagesse qui les relève ! Qu'on y grave enfin pour toute inscription ces paroles mémorables : *J'ai senti que pour être heureux, il me fallait d'abord l'assurance que la France fût heureuse.* On ne verra jamais cet arc de triomphe d'un genre nouveau sans être ému d'un sentiment de respect et d'amour. C'est là que de tous les cœurs sortira sans effort le plus bel éloge du grand homme, auteur de tant de biens.

Nous ne pouvons mieux lui rendre hommage qu'en faisant des vœux pour que bientôt ses talens

guerriers deviennent inutiles. Il est si sûr de trouver en lui-même tant d'autres moyens de grandeur ! N'en doutons point, grâce à tout ce qu'il
entreprendra pour la félicité nationale, sa renommée de conquérant ne sera dans l'avenir que la
plus faible partie de sa gloire !

COMMUNICATION

Donnée par le Président du Corps Législatif à ses Collègues, le 19 novembre 1808, d'une lettre de l'Empereur, datée de Burgos le 12 novembre 1808.

Messieurs et chers collègues,

Votre émotion me dispense de rien ajouter à cette lettre. Elle honore à la fois les députés au corps législatif, et le peuple dont ils sont les organes. Ce n'est pas cette nouvelle victoire qui nous étonne. La valeur de l'armée nous est connue. Son chef était présent, et sa présence vaut une armée. Les guerres qu'il dirige sont courtes et décisives. En vain nos ennemis veulent qu'il *y ait encore des Pyrénées* : leur espoir sera trompé. Une brave nation, c'est ainsi que le vainqueur l'appelle lui-même, une brave nation qui fut cent ans notre alliée, reprendra le système que lui prescrivent ses intérêts et sa

politique. La fierté castillane doit être satis-
faite. Elle n'obéira qu'au frère d'un souverain
qui, seul, et dans peu d'années, a conquis plus
de sceptres que l'Espagne, après tant de siècles, n'en réunit dans la main de ses Ferdi-
nand et de ses Isabelle.

Vous avez vu naguère l'empereur ouvrir notre
session à cette même place. Quinze jours sont
à peines écoulés depuis qu'il est parti des Tui-
leries, et c'est peut-être au palais de l'Escurial
qu'il recevra l'hommage de notre reconnaissance.
La reconnaissance doit être aussi prompte que la
victoire. Qu'elle en ait tout l'éclat, s'il est possible. Consacrons-en le souvenir par un monument
digne du prince et de la nation. Quel Français ne
partagera dans ce moment notre enthousiasme
pour le chef de l'État? Les vœux que nous for-
mions à son départ sont exaucés. Toutes les alarmes
se dissipent, et pour comble de bonheur la rapidité
des conquêtes hâtera bientôt la fin des calamités
de la guerre.

Je propose en conséquence au corps législatif
de nommer une commission qui déterminera la
manière dont il doit exprimer sa reconnaissance
à l'empereur, pour sa lettre écrite du camp de
Burgos, et l'envoi des drapeaux qui l'accompagne.

DISCOURS

DE M. LE PRÉSIDENT DU CORPS LÉGISLATIF,

PRONONCÉ LE 13 SEPTEMBRE 1809,

A la suite d'une communication du Gouvernement.

MONSIEUR LE MINISTRE DE L'INTÉRIEUR,

MESSIEURS LES CONSEILLERS D'ÉTAT,

Vous étiez sûrs d'inspirer un grand intérêt à cette assemblée. Vous avez peint la gloire du monarque en retraçant les bienfaits de son administration. Ce n'est point assez pour lui d'avoir vaincu tant de fois ses ennemis sur le champ de bataille ; il veut décourager jusqu'à leurs dernières espérances. Il achève en quelque sorte leur défaite, en affermissant de plus en plus son gouvernement intérieur.

Il fallait que tout fût extraordinaire comme lui dans les événemens de son règne.

Autrefois, après quelques années de guerre, l'épuisement du trésor contraignait le vainqueur lui-même à demander la paix. Aujourd'hui, l'entretien de tant d'armées n'a point interrompu l'amélioration successive des finances.

Autrefois, le signal de la guerre suspendait tous les établissemens utiles et les monumens nationaux où s'imprime la magnificence des rois ; aujourd'hui, les villes s'embellissent de toutes parts. On dirait que ce peuple, si terrible au dehors, ne s'occupe au dedans qu'à préparer le siècle de la paix, des arts et des fêtes.

Enfin, la guerre a, dans tous les tems, affaibli la force des lois et de la police. Aujourd'hui, la police la plus sage et la plus vigilante maintient la sûreté publique. On voit disparaître avec le fléau de la mendicité, tous les fléaux et tous les désordres qu'il traîne à sa suite.

Cette influence d'une bonne administration s'est fait sentir au moment même où le prince était absent. Il animait et contenait tout à trois cents lieues de la frontière. Dès que l'Anglais a paru, la France toute entière a pris subitement les armes. Dès qu'il a fui, elle les a déposées avec

une égale promptitude. Admirable dans son mouvement, non moins admirable dans son repos,
elle a fait voir à l'Europe l'énergie et la sagesse
qui caractérisent une grande nation. Elle a montré ce qu'elle peut sous la main toute-puissante
qui la précipite ou la modère à son gré.

Tel est, Monsieur le ministre de l'intérieur,
le grand tableau que vous avez mis sous nos yeux.
Vous ne pouviez mieux louer le souverain qu'en
racontant sa propre vie. On a dit depuis long-
tems aux orateurs qu'il n'y avait rien de plus
grand que ses actions simplement racontées. On
doit ajouter qu'il n'y a rien de plus éloquent
que ses paroles. C'est en les répétant avec fidélité qu'on peut le montrer dans toute sa gloire.
Combien nous étions émus en l'écoutant la dernière fois, quand il désirait de *vivre trente ans
pour servir trente ans ses sujets!* Jamais parole
plus royale n'est sortie du cœur d'un grand roi.
La royauté n'est, en effet, que le plus saint, le
plus utile, le plus éminent de tous les services ;
elle ne fut instituée que pour le bonheur du genre
humain. Heureux le prince qui connaît si bien
ses devoirs et sa dignité, et les exprime avec tant
de noblesse ! Quel Français ne forme aujour-
d'hui le même vœu que le sien ! Oui, qu'il vive

trente ans ; qu'il vive plus encore : une vie si précieuse ne peut trop se prolonger ; et puisque tous les prodiges semblent réservés à lui seul, espérons qu'un règne si mémorable surpassera tous les autres par la durée, comme il les surpasse tous par la puissance et par la grandeur.

DISCOURS

DE M. LE PRÉSIDENT DU CORPS LÉGISLATIF,

PRONONCÉ LE 22 JANVIER 1810,

Pour la clôture de la session de 1809.

GUERRIERS et législateurs, l'appareil militaire déployé dans cette enceinte paisible ; les soldats français portant les trophées de leur gloire aux députés des villes et des campagnes qui les ont vus naître ; les guerriers et les magistrats confondus ; la puissance des armes honorant celle des lois ; les nombreux drapeaux qu'on vient suspendre autour de cette statue, où revivent les traits du vainqueur et du législateur de tant de nations : tout ce spectacle, à la fois héroïque et touchant, a déja pénétré vos cœurs d'un enthousiasme involontaire.

Que peut ajouter la voix de l'orateur à l'émotion générale? Comment exprimer tout ce qu'on éprouve de grand et de doux au milieu de cette imposante cérémonie? Ils ne sont plus ces tems où les maîtres du Monde s'arrogeaient seuls l'honneur des triomphes payés par les travaux, et quelquefois par la vie de leurs sujets. Un grand prince appelle aujourd'hui son peuple au partage de sa gloire; et quel prince a plus que lui le droit de croire qu'il entraîne seul la fortune à sa suite. Mais, sûr de sa grandeur personnelle, il ne craint point de la communiquer; il n'ignore pas que le monarque accroît les honneurs de son trône de tous ceux qu'il accorde à sa nation. Il fait déposer, pour la seconde fois, au sein du corps législatif, les monumens de ses conquêtes. La lettre qui les accompagne est au-dessus peut-être du don glorieux que nous avons deux fois reçu de lui. Qu'on me permette de la rappeler un moment; les grands hommes se peignent dans leurs paroles comme dans leurs actions.

« Mes troupes, dit Sa Majesté, ayant, au combat de Burgos, pris les drapeaux de l'armée d'Estramadure; parmi lesquels se trouvent ceux des Gardes walonnes et espagnoles, j'ai voulu profiter de cette circonstance, et donner une marque de ma considération aux députés des départemens au corps législatif, en leur envoyant les drapeaux pris dans la même quinzaine où j'ai présidé à l'ouverture de leur session. Que les députés des départemens et les colléges électoraux, dont ils font partie, y voient le désir que j'ai de leur donner une preuve de mon estime. »

Cette lettre associe en quelque sorte la grandeur du monarque à celle du peuple français. Un héros avait dit, en partant, qu'il conduirait son auguste frère à Madrid. Ce qu'il avait dit s'est exécuté. Jamais il ne fit en vain de telles promesses. Mais sur le champ de bataille, sa première pensée est pour nous. C'est Alexandre qui part de la Macédoine avec son génie et l'espérance, et qui, dès sa première victoire au-delà du Granique, envoie les dépouilles des nations vaincues aux temples des dieux de sa patrie.

Vous avez sans doute été frappés, comme moi, du motif de cet hommage fait aux députés des départemens et des colléges électoraux. Une autre idée non moins grave est digne de vous occuper encore.

Les drapeaux qui vous sont remis ont un caractère particulier. Ils furent conquis sur un peuple égaré par les factions. Quelques-uns portent encore les emblèmes de la licence populaire. Ce n'est donc point en vain que le chef de l'État a résolu de les placer dans ce sanctuaire des lois. Il veut, par cette image, rappeler à tous les yeux les malheurs qui menacent les empires, quand le frein sacré des lois ne retient plus les fureurs de la multitude.

Hélas ! nous avons connu les mêmes excès. Que notre exemple éclaire et détrompe un peuple infortuné ! L'esprit de ses anciennes Juntes s'est réveillé sous une influence étrangère ; voilà le véritable danger qui le presse. Non : ce n'est point un héros qu'il doit craindre ; ses armes ne le soumettront que pour le sauver. C'est contre l'anarchie qu'il doit se mettre en défense ; et qui peut mieux l'en garantir que notre libérateur ? L'anarchie est de tous les ennemis de la France celui dont la défaite lui mérita le plus d'honneurs et de bénédictions.

Espérons que des jours plus heureux vont se lever sur l'Espagne. Le prince qui la gouverne achèvera l'ouvrage des armes par la force des bienfaits et l'autorité de la sagesse. L'insulaire, entièrement chassé de la Péninsule, et sans ressources sur le continent, implorera, pour nous échapper encore, la vitesse de ses vaisseaux. On va dire une seconde fois, en dépit de l'Angleterre : *Il n'y a plus de Pyrénées.*

Rien ne peut donc altérer les nobles impres-

sions qui naissent à l'aspect de ces trophées ins-
tructifs et glorieux. Le guerrier choisi pour nous
les porter leur ajoute encore un nouveau prix (1).
Son bras servit à les enlever. Que dis-je ? On a
craint long-tems qu'il ne les payât de ses jours.
Brillant des grâces de la première jeunesse, il
est déjà couvert d'honorables blessures comme
un vétéran. Il eut le bonheur de trouver dans
son aïeul et dans son père, les vrais modèles de
la valeur et de l'urbanité françaises. Il n'a point
démenti ce double exemple. Il réunit les plus
beaux caractères de l'officier français, également
propre à briller dans la cour et dans l'armée,
sachant cultiver son esprit dans la dissipation
des fêtes et dans le tumulte des camps ; aimable
et doux dans la société, mais terrible un jour de
bataille. Que ces drapeaux, teints de son sang,
doivent paraître beaux à sa mère, à son épouse,
à son père qui versent des larmes de joie, et sur
qui semblent s'arrêter tous les regards de cette
assemblée ! Je suis sûr que dans ce moment le
jeune guerrier se dit dans son cœur que, malgré
tant de périls et de souffrances, la gloire dont il
jouit ne fut pas trop chèrement achetée, et que

____

(1) M. de Ségur le fils.

nul sacrifice n'est impossible pour le souverain qui lui réservait un si beau jour.

Oui, j'en atteste l'honneur français : telle est sa pensée. L'honneur français ! que de prodiges on peut faire avec ce seul mot ! L'honneur français dirigé par un grand homme est un assez puissant ressort pour changer la face de l'univers.

On a souvent nommé les rois d'*illustres ingrats ;* on a dit, non sans quelque raison, qu'ils mettaient trop tôt en oubli le dévouement de leurs sujets, et qu'auprès du trône, il était plus utile de flatter que de servir. Combien le maître à qui nous sommes attachés mérite peu ce reproche ! Du haut point d'élévation qu'il occupe, il jette un regard équitable sur les talens qui sont au-dessous de lui ; car il est trop élevé au-dessus d'eux pour ne pas les juger tous avec impartialité. Ses bienfaits préviennent à chaque instant ses serviteurs de toutes les classes, et particulièrement ses fidèles compagnons d'armes. Le pinceau des grands artistes est chargé de reproduire les grandes actions ; les places publiques portent les noms des guerriers morts sur le champ de bataille, et se décorent de leurs images ; des arcs de triomphe s'élèvent à la gloire des armées françaises, et un temple voisin conservera sur des tables d'or la mémoire des braves.

C'est là qu'un héros veut donner à ses soldats une part de son immortalité. Il embellit leur vie par la fortune et les titres dus à leur courage. Il fait plus , il honore leur mort , et sa royale amitié ne néglige pas même le marbre de leurs tombeaux.

Quels dévouemens extraordinaires ne doit pas attendre un souverain si magnanime ! Aussi que de grandes choses il a fait exécuter dans un règne si court et si rempli !

Périsse à jamais le langage de l'adulation et de la flatterie ! Je ne commencerai point à m'en servir dans les dernières paroles que je prononce à cette tribune d'où je vais descendre pour toujours. Je n'ai point oublié les devoirs imposés à ce corps respectable et cher dont j'ai l'honneur encore une fois d'être l'organe et l'interprète. Le corps législatif ne doit porter au pied du trône que la voix de l'opinion publique. C'est avec elle seule que je louerai le prince. J'exprimerai franchement l'admiration qu'il m'inspire ; j'en trouve l'occasion naturelle dans cette fête guerrière où brille toute sa gloire. L'élite de la France et de l'Europe est ici rassemblée. J'en appelle à leur témoignage. Tout ce que je vais dire de lui sera merveilleux et véritable.

Transportons-nous par la pensée dans l'avenir. Voyons ce héros, comme la postérité doit le voir un jour, à travers les nuages du tems. C'est alors que sa grandeur paraîtra, pour ainsi dire, fabuleuse. Mais trop de monumens attesteront les merveilles de sa vie pour que le doute soit permis. Si nos derniers descendans veulent savoir quel est celui qui, seul, depuis l'empire romain, réunit l'Italie dans un seul corps ? L'histoire leur dira : c'est Napoléon. S'ils demandent quel est celui qui, vers la même époque, dissipa les hordes arabes et musulmanes au pied des Pyramides et sur les bords du Jourdain ? l'histoire leur dira : C'est Napoléon ; mais d'autres surprises les attendent. Ils apprendront qu'un homme, en quelque sorte désigné d'en haut, partit du fond de l'Egypte au moment où toutes les voix de la France l'appelaient à leur secours, et qu'il y vint rétablir les lois, la religion et l'ordre social menacés d'une ruine prochaine : cet homme encore sera Napoléon. Ils verront dans dix années trente états changeant de forme, des trônes fondés, des trônes détruits ; Vienne deux fois conquise, et les successeurs du grand Frédéric perdant la moitié de leur héritage. Ils croiront d'abord que tant de révolutions et de victoires sont l'ouvrage de plusieurs conquérans. L'histoire, appuyée sur le témoignage unanime des

contemporains, dissipera toutes les méprises.
Elle montrera toujours le même Napoléon fondant de l'Autriche sur la Prusse, poussant sa marche victorieuse jusqu'aux dernières limites de la Pologne, s'élançant tout à coup du fond de la Sarmatie vers ces monts qui séparent la France des Espagnes, et triomphant près de ces régions où l'antiquité plaçait les bornes du monde; et cependant les prodiges ne seront pas épuisés! il faudra retracer encore les bienfaits d'un Code immortel; il faudra peindre tous les arts rappelant à Paris la magnificence de Rome antique; car il est juste que la ville où réside un si grand homme, devienne aussi la ville éternelle.

J'interroge maintenant tous ceux qui m'écoutent. En est-il un seul qui désavoue le moindre trait de ce tableau? Heureux les princes qu'on peut louer dignement avec la vérité! Heureux aussi l'orateur qui ne donne aux rois que des éloges justifiés par leurs actions!

RAPPORT

FAIT AU SÉNAT-CONSERVATEUR,

Dans la séance du lundi 27 décembre 1813, présidée par S. A. S. le prince archi-chancelier de l'Empire, au nom de la commission spéciale nommée pour l'examen des négociations entamées avec les puissances coalisées.

———

Monseigneur,

Sénateurs,

Le premier devoir du Sénat envers le monarque et le peuple est la vérité. Les circonstances extraordinaires où se trouve la patrie rendent ce devoir plus rigoureux encore.

L'empereur invite lui-même tous les grands corps de l'Etat à manifester leur libre opinion.

Pensée vraiment royale ! salutaire développement de ces institutions monarchiques où le pouvoir concentré dans les mains d'un seul se fortifie de la confiance de tous, et qui, donnant au trône la garantie de l'opinion nationale, donne aux peuples, à leur tour, le sentiment de leur dignité, trop juste prix de leurs sacrifices !

Des intentions aussi magnanimes ne doivent point être trompées.

En conséquence, la commission nommée dans votre séance du 22 décembre, et dont j'ai l'honneur d'être l'organe, a fait le plus sérieux examen des pièces officielles mises sous ses yeux, d'après les ordres de Sa Majesté l'Empereur, et communiquées par M. le duc de Vicence.

Des négociations pour la paix ont commencé ; vous devez en connaître la marche. Il ne faut point prévenir votre jugement. Un récit simple des faits, en éclairant votre opinion, doit préparer celle de la France.

Quand le cabinet de l'Autriche quitta le rôle de médiateur, quand tout fit juger que le congrès de Prague était prêt à se rompre, l'empereur voulut tenter un dernier effort pour la pacification du continent.

M. le duc de Bassano écrivit à M. le prince de Metternich.

Il proposa de neutraliser un point sur la frontière, et d'y reprendre la négociation de Prague dans le cours même des hostilités.

Malheureusement ces premières ouvertures ont été sans effet.

L'époque de cette démarche pacifique est importante. Elle est du 18 août dernier. Le souvenir des journées de Lutzen et de Bautzen était récent. Ce vœu contre la prolongation de la guerre est donc en quelque sorte exprimé à la date de deux victoires.

Les instances du cabinet français furent vaines ; la paix s'éloigna, les hostilités recommencèrent, les événemens prirent une autre face. Les soldats des princes allemands, naguère nos alliés, ne montrèrent, plus d'une fois, en combattant sous nos drapeaux, qu'une fidélité trop équivoque ; ils cessèrent tout à coup de feindre, et se réunirent à nos ennemis.

Dès lors les combinaisons d'une campagne ouverte si glorieusement ne purent avoir le succès attendu.

L'empereur connut qu'il était tems d'ordonner à ses Français d'évacuer l'Allemagne.

Il revint avec eux combattant presque à chaque pas ; et, sur l'étroit chemin où tant de dé-

fections éclatantes et de sourdes trahisons resser-
raient sa marche et ses mouvemens, des trophées encore ont signalé son retour.

Nous le suivions avec quelque inquiétude au
milieu de tant d'obstacles dont lui seul pouvait
triompher. Nous l'avons vu avec joie revenir sur
sa frontière, non avec son bonheur accoutumé,
mais non pas sans héroïsme et sans gloire.

Rentré dans sa capitale, il a détourné les yeux
de ces champs de bataille où le monde l'admira
quinze ans ; il a détaché même sa pensée des
grands desseins qu'il avait conçus. Je me sers de
ses propres expressions ; il s'est tourné vers son
peuple, son cœur s'est ouvert, et nous y avons
lu nos propres sentimens.

Il a désiré la paix, et dès que l'espérance d'une
négociation a paru possible, il s'est empressé de
la saisir.

Les circonstances de la guerre ont conduit M. le
baron de Saint-Aignan au quartier général des
puissances coalisées. Là, il a vu le ministre autrichien, M. le prince de Metternich, et le ministre
russe, M. le comte de Nesselrode. Tous deux,
au nom de leur cour, ont posé devant lui, dans
un entretien confidentiel, les bases préliminaires
d'une pacification générale. L'ambassadeur an-

glais, le lord Aberdeen, était présent à cette con-
férence. Remarquez bien ce dernier fait, Sénateurs, il est important.

M. le baron de Saint-Aignan, chargé de transmettre à sa cour tout ce qu'il avait entendu, s'en
est acquitté fidèlement.

Quoique la France eût droit d'espérer d'autres
propositions, l'empereur a tout sacrifié au désir
sincère de la paix.

Il a fait écrire à M. le prince de Metternich,
par M. le duc de Bassano, qu'il admettait pour
base de la négociation le principe général con-
tenu dans le rapport confidentiel de M. de Saint-
Aignan.

M. le prince de Metternich, en répondant à
M. le duc de Bassano, a paru croire qu'il restait
un peu de vague dans l'adhésion donnée par la
France.

Alors, pour lever toute difficulté, M. le duc
de Vicence, après avoir pris les ordres de Sa Majesté, a fait connaître au cabinet d'Autriche
qu'elle adhérait *aux bases générales et som-
maires communiquées par M. de St.-Aignan.*
La lettre de M. le duc de Vicence est du 2 décembre ; elle a été reçue le 5 du même mois.
M. le prince de Metternich n'a répondu que le 10.

Ces dates doivent être soigneusement relevées ; vous jugerez bientôt qu'elles ne sont pas sans quelque conséquence.

On peut concevoir de justes espérances pour la paix en lisant la réponse de M. le prince de Metternich à la dépêche de M. le duc de Vicence ; seulement, à la fin de sa lettre, il annonce qu'avant d'ouvrir la négociation, il faut en conférer avec les alliés. Ces alliés ne peuvent être que les Anglais. Or, leur ambassadeur assistait à l'entretien dont M. de Saint-Aignan avait été témoin. Nous ne voulons point exciter de défiance ; nous racontons.

Nous avons marqué avec soin la date des dernières correspondances entre le cabinet français et le cabinet autrichien ; nous avons dit que la lettre de M. le duc de Vicence avait dû parvenir le 5 décembre, et qu'on n'en avait accusé la réception que le 10.

Dans l'intervalle, une gazette, aujourd'hui sous l'influence des puissances coalisées, a publié dans toute l'Europe une déclaration qu'on dit être revêtue de leur autorité. Il serait triste de le croire.

Cette déclaration est d'un caractère inusité dans la diplomatie des rois. Ce n'est plus aux rois

comme eux qu'ils développent leurs griefs et
qu'ils envoient leurs manifestes ; c'est aux peuples
qu'ils les adressent : et par quels motifs adopte-
t-on cette marche si nouvelle ? c'est pour séparer la cause des peuples et celle de leurs chefs,
quoique partout l'intérêt social les ait confondues. Cet exemple ne peut-il pas être funeste ?
faut-il le donner surtout à cette époque où les
esprits, travaillés de toutes les maladies de l'orgueil, ont tant de peine à fléchir sous l'autorité
qui les protége en réprimant leur audace ? et
contre qui cette attaque indirecte est-elle dirigée ? contre un grand homme qui mérita la reconnaissance de tous les rois ; car, en rétablissant le trône de la France, il a fermé le foyer de
ce volcan qui les menaçait tous.

Il ne faut pas dissimuler qu'à certains égards
ce manifeste extraordinaire est d'un ton modéré.
Cela prouverait que l'expérience des coalitions
s'est perfectionnée.

On s'est souvenu peut-être que le manifeste du
duc de Brunswick avait irrité l'orgueil d'un
grand peuple. Ceux même en effet qui ne parta-
geaient point les opinions dominantes à cette
époque, en lisant ce manifeste injurieux, se
sentirent blessés dans l'honneur national.

On a donc pris un autre langage. L'Europe,

aujourd'hui fatiguée, a plus besoin de repos que de passions.

Mais, s'il y a tant de modération dans les conseils ennemis, pourquoi, parlant toujours de paix, menacent-ils toujours des frontières qu'ils avaient promis de respecter quand nous n'aurions plus que le Rhin pour barrière?

Si les ennemis sont si modérés, pourquoi ont-ils violé la capitulation de Dresde? pourquoi n'ont-ils pas fait droit aux nobels plaintes du général qui commandait cette place?

S'ils sont si modérés, pourquoi n'ont-ils pas établi le cartel d'échange conformément à tous les usages de la guerre?

S'ils sont si modérés enfin, pourquoi ces protecteurs des droits des peuples n'ont-ils pas respecté ceux des cantons suisses? pourquoi ce gouvernement sage et libre, qui s'était déclaré neutre à la face de l'Europe, voit-il dans ce moment ses vallées et ses montagnes paisibles ravagées par tous les fléaux de la guerre?

La modération n'est quelquefois qu'une ruse de la diplomatie. Si nous voulions employer le même artifice en attestant aussi la justice et la bonne foi, qu'il nous serait aisé de confondre nos accusateurs par leurs propres armes!

Cette reine échappée de la Sicile, et qui d'exil

en exil a porté son infortune chez les Ottomans ; prouve-t-elle au monde que nos ennemis aient tant de respect pour la majesté royale ?

Le souverain de la Saxe s'est mis à la disposition des puissances coalisées. A-t-il trouvé les actions d'accord avec les paroles ? Des bruits sinistres se répandent en Europe : puissent-ils ne pas se réaliser ! Voudrait-on punir la foi des sermens sur ce front royal vieilli par l'âge et les douleurs, et couronné de tant de vertus ?

Ce n'est point du haut de cette tribune qu'on outragera les gouvernemens qui se permettraient même de nous outrager ; mais il est permis d'apprécier à leur juste valeur ces reproches si anciens et si connus , prodigués à toutes les puissances qui ont joué un grand rôle depuis Charles-Quint jusqu'à Louis XIV , et depuis Louis XIV jusqu'à l'Empereur. Ce système d'*envahissement*, de *prépondérance* , de *monarchie universelle* fut toujours un cri de ralliement pour toutes les coalitions ; et du sein même de ces coalitions étonnées de leur imprudence s'éleva souvent une puissance plus ambitieuse que celle dont on dénonçait l'ambition.

Les abus de la force sont marqués en caractères de sang dans toutes les pages de l'histoire. Toutes les nations se sont égarées ; tous les gouver-

nemens ont commis des excès, tous doivent
pardonner.

Si, comme nous aimons à le croire, les pui
sances coalisées forment des vœux sincères pou
la paix, rien ne s'oppose à son rétablissement.

Nous avons démontré, par le dépouillemer
des pièces officielles, que l'empereur veut
paix et l'achètera même par des sacrifices où
grande âme semble négliger sa gloire personnel
pour ne s'occuper que des besoins de la natior

Quand on jette les yeux sur cette coalitio
formée d'élémens qui se repoussent, quand o
voit le mélange fortuit et bizarre de tant de peu
ples que la nature a faits rivaux; quand on song
que plusieurs, par des alliances peu réfléchies
s'exposent à des dangers qui ne sont point un
chimère, on ne peut croire qu'un pareil assem
blage d'intérêts si divers ait une longue durée.

N'aperçois-je pas au milieu des rangs enne
mis ce prince né avec tous les sentimens françai
dans le pays où ils ont peut-être le plus d'acti
vité? Le guerrier qui défendit autrefois la France
ne peut demeurer long-tems armé contre elle.

Rappelons-nous encore qu'un monarque du
nord, et le plus puissant de tous, mettait na
guère au nombre de ses titres de gloire l'amitié
du grand homme qu'il combat aujourd'hui.

Nos regards tombent avec confiance sur cet empereur que tant de nœuds joignent au nôtre, qui nous fit le plus beau don dans une souveraine chérie, et qui voit dans son petit-fils l'héritier de l'empire français.

Avec tant de motifs pour s'entendre et se réunir, la paix est-elle si difficile ?

Qu'on fixe tout à l'heure le lieu des conférences ; que les plénipotentiaires s'avancent de part et d'autre avec la noble volonté de pacifier le Monde ; que la modération soit dans les conseils, ainsi que dans le langage. Les puissances étrangères elles-même l'ont dit dans cette déclaration qu'on leur attribue : *Une grande nation ne doit pas déchoir pour avoir éprouvé à son tour des revers dans cette lutte pénible et sanglante, où elle a combattu avec son audace accoutumée.*

Sénateurs, nous n'aurions point rempli les devoirs que vous attendez de votre commission, si en montrant, avec une si parfaite évidence, les intentions pacifiques de l'empereur, nos dernières paroles ne rappelaient au peuple ce qu'il se doit à lui-même, ce qu'il doit au monarque.

Le moment est décisif. Les étrangers tiennent un langage pacifique ; mais quelques-unes de nos frontières sont envahies, et la guerre est à nos portes. Trente-six millions d'hommes ne peuvent trahir leur gloire et leur destinée. Des peuples illustres, dans ce grand différent, ont essuyé de nombreux revers; plus d'une fois ils ont été mis hors de combat : leurs plaies sanglantes ruissèlent encore. La France a reçu aussi quelques atteintes; mais elle est loin d'être abattue ; elle peut être fière de ses blessures comme de ses triomphes passés. Le découragement dans le malheur serait encore plus inexcusable que la jactance dans le succès. Ainsi donc en invoquant la paix, que les préparatifs militaires soient partout accélérés et soutiennent la négociation. Rallions-nous autour de ce diadême où l'éclat de cinquante victoires brille à travers un nuage passager. La fortune ne manque pas long-tems aux nations qui ne se manquent pas à elles-mêmes.

Cet appel à l'honneur national est dicté par l'amour même de la paix, de cette paix qu'on n'obtient point par la faiblesse, mais par la constance ; de cette paix enfin que l'empereur, par un nouveau genre de courage, promet d'accorder au prix de grands sacrifices. Nous avons la douce confiance que ses vœux et les nôtres

seront réalisés ; et que cette brave nation, après
de si longues fatigues et tant de sang répandu,
trouvera le repos sous les auspices d'un trône
qui eut assez de gloire , et qui ne veut plus s'en-
tourer que des images de la félicité publique.

DISCOURS

PRONONCÉS

PAR LE GRAND-MAITRE DE L'UNIVERSITÉ.

DISCOURS

PRONONCÉS

PAR M. DE FONTANES.

GRAND-MAITRE DE L'UNIVERSITÉ.

DEUXIÈME PARTIE.

DISCOURS

Prononcé lors de la distribution des Prix de l'année 1809.

JEUNES ÉLÈVES,

Cette solennité, qui termine et couronne toujours vos travaux annuels, reçoit en ce moment plus d'éclat et plus d'intérêt du jour et du lieu qui vous rassemblent.

Les triomphes de votre premier âge vont être proclamés devant la statue des grands hommes qui vinrent tour à tour s'asseoir dans ce sanc-

tuaire des lettres et des sciences. Bossuet, Fénélon, Corneille et Descartes sont, pour ainsi
dire, présens à vos yeux; et dès vos premiers
pas dans la carrière, ils vous montrent le but
qu'il faut atteindre.

Mais si l'aspect d'un lieu que leur ombre habite encore doit exciter votre enthousiasme, le
jour que nous avons choisi pour cette intéres-
sante cérémonie ne réveille pas des souvenirs
moins glorieux. Il succède, il se réunit en quelque sorte à ce jour solennel, où la fête du
monarque est celle de toute la France. Le chef
de l'État, à qui l'admiration publique vient de
prodiguer tant d'hommages et tant de vœux,
semble environner votre jeunesse de tous les
rayons de sa gloire.

Cette double époque ne sortira jamais de votre
souvenir. Elle vous rappellera sans cesse que vous
devez au prince l'emploi des talens dont vous
nous offrez les prémices. C'est pour lui qu'ils
doivent se développer. Le bien servir, dans
quelque carrière où le sort vous appelle, voilà
votre premier devoir. Et combien n'a-t-il pas de
droits à votre dévouement ! Plusieurs d'entre vous
doivent le bienfait de leur éducation à sa mu-
nificence. Des bords du Danube qu'il a dompté,
il jette des regards attentifs sur vos écoles. C'est

pour assurer la marche et les progrès des bonnes études qu'il a voulu mettre à leur tête un grand corps où les sages traditions fussent maintenues. On reconnaît dans cette nouvelle création l'empreinte de ce génie universel fait pour tout réparer et pour tout agrandir.

Nous consacrerons nos efforts au succès du vaste établissement qui nous est confié ; mais, jeunes élèves, c'est aussi dans vos mains que sont remises les destinées futures de cette université naissante. Contribuez autant qu'il est en vous à la renommée des écoles françaises par des mœurs pures et l'amour sincère du travail et de l'instruction. Secondez les soins des hommes respectables qui dirigent votre enfance, et que la gloire du disciple devienne un jour celle du maître.

Vous êtes plus heureux que vos pères. Ils ont vu la société renversée, et vous la voyez rétablie. Vous entrerez dans le monde après de longs orages dont vous n'avez point éprouvé les secousses. Chacun pourra suivre tranquillement sa carrière sous la garde des lois. Distinguez-vous par quelque mérite, et vous êtes sûrs d'être distingués par le monarque. Ses mains triomphantes tiennent des couronnes prêtes pour tous les talens. Que son regard vous encourage, et que du milieu de vous s'élève une génération digne de lui ! Puissent des hommes illustres en tout genre l'accompaguer de loin, et lui servir de cortége, quand il ira dans la postérité prendre sa place au-dessus des plus grands rois dont il réunit en lui seul les différentes gloires comme vainqueur des nations, comme restaurateur des lois, comme protecteur des lettres, comme fondateur des empires.

DISCOURS

PRONONCÉ

PAR LE GRAND-MAITRE DE L'UNIVERSITÉ,

Le 7 novembre 1809.

SIRE,

L'Université, qu'on appelait depuis tant de siècles *la Fille aînée des rois*, reprend le plus honorable et le plus cher de ses priviléges, celui de porter à V. M. l'hommage de son dévouement, de son respect et de son amour. Elle disait autrefois, pour relever l'éclat de son origine, que Charlemagne fut son père. Elle citera désormais son nouveau fondateur avec plus d'orgueil que le premier.

C'est votre destinée d'agrandir toutes les anciennes institutions en les recréant. L'influence de l'Université n'est plus bornée à la capitale ; elle embrasse l'immensité de l'Empire accru par vos conquêtes. Les fonctions dont elle est chargée ont peu d'éclat en apparence ; elle ne règne que dans l'ombre des écoles ; mais elle y cultive l'espérance de la patrie. Son devoir est de vous y former des sujets soumis et fidèles, et d'y répandre ces sages maximes conservatrices des sociétés et des trônes. C'est de son sein qu'un jour doivent sortir les guerriers qui vaincront sous vos ordres, les magistrats qui feront exécuter vos lois, les prêtres qui vous béniront au pied des autels rétablis par votre sagesse, les savans, les écrivains, les artistes célèbres qui perpétueront par leurs travaux le souvenir de vos grandes actions.

Combien, sire, les mémorables exemples que vous donnez seront utiles à nos leçons ! Autrefois, pour élever l'imagination de la jeunesse, on lui parlait des grands hommes des tems passés ; aujourd'hui, le siècle présent a dans vous seul ce qu'on admirait en eux de plus héroïque. En développant les prodiges de l'antiquité, nous y joindrons ceux de votre règne. Jamais l'enfance et la jeunesse n'auront entendu d'aussi merveilleux récits, et leurs cœurs palpiteront d'enthousiasme à votre nom.

Quand la paix conquise aux bords du Danube, par de nouvelles victoires, a désarmé le continent, qu'il nous soit permis, au retour du père de la patrie, de reposer un moment ses regards sur le spectacle aimable de tant de jeunes talens qui croîtront pour le service de l'État. L'Université paraît, en quelque sorte, devant vous, environnée de ces générations naissantes dont elle redevient la mère ; elle vous porte les bénédictions et les vœux de tous les enfans qui peuplent ses écoles. Vous devez trouver quelque douceur à l'expression de ces sentimens : ils ont la vérité de ce premier âge où tout est sincère.

Sire, V. M. veut remettre en honneur les bonnes études. La voix de toutes les familles s'élève pour vous remercier de ce bienfait. Nous consacrerons les travaux de notre vie à seconder ces vues paternelles ; et tandis qu'on portera devant votre char de triomphe les dépouilles des nations vaincues, nous viendrons vous offrir ces pacifiques trophées des sciences, des lettres et des arts qui seront toujours les amis de votre puissance, puisqu'ils ont besoin de la gloire et ne peuvent fleurir que sous ses auspices.

DISCOURS

DU GRAND-MAITRE DE L'UNIVERSITÉ,

PRONONCÉ

Lors de la distribution des Prix de l'année 1810.

L'UNIVERSITÉ impériale, en proposant le prix extraordinaire que nous allons donner, s'est décidée par deux motifs importans.

Elle a voulu d'abord qu'au milieu de la génération naissante qui peuple les écoles de l'empire, on célébrât solennellement l'alliance auguste sur qui se fonde le repos des générations futures. On est sûr d'ouvrir le cœur des enfans à toutes les impressions de la gloire, en parlant d'un souverain qui tant de fois épuisa l'admiration et la renouvela tant de fois.

L'Université a voulu encore dans cette grande circonstance rétablir l'usage de la langue latine, usage consacré par les plus antiques et les plus respectables traditions. C'est quand nos lois et nos armes s'étendent si loin, qu'il sied peut-être aux Français de parler la langue du peuple-roi.

Grâce aux heureux effets de ce concours entre tous les professeurs de belles-lettres dans les divers lycées, nous avons l'assurance que l'étude des lettres latines n'a point dégénéré. Nous pouvons rendre une plus exacte justice à l'élite des professeurs. Tous ont paru dignes de leurs nobles fonctions. Plusieurs ont fait preuve d'un vrai talent. Le vainqueur (1), retenu par une maladie funeste, ne pourra malheureusement assister à son propre triomphe. Que la faveur publique le dédommage! qu'il apprenne, sur son lit de douleur, tout l'intérêt qu'il inspire! Embellissons du moins, autant qu'il est en nous, cette palme glorieuse que nos mains ne peuvent placer sur sa tête.

Ce n'est point assez de rendre un juste hommage aux professeurs. Jeunes élèves, je dois vous parler de vous-mêmes. Ce devoir est aujourd'hui bien facile et bien doux; car je n'ai que des félicitations et des éloges à vous adresser. Vos progrès ont été marqués dans le concours

____

(1) M. Luce de Lancival.

de cette année. Vos juges s'en sont réjouis, et j'ai partagé leur joie. Je n'ai point cherché, pour vous le dire, d'autre langue que celle de vos mères. Si elles sont ici présentes, leur cœur jouira plutôt du témoignage honorable que j'aime à vous rendre. Croissez ainsi, jeunes élèves, d'année en année, croissez en instruction comme en vertus avec les grandeurs de cet Empire ! Que les couronnes décernées en ce jour à votre jeunesse soient pour vous le présage de ces couronnes plus éclatantes, objet de tant d'efforts et de tant d'émulation, que tous les talens viennent se disputer au pied du trône, sous les regards du premier juge et du suprême dispensateur de la gloire.

(131)

DISCOURS

PAR LE GRAND-MAITRE DE L'UNIVERSITÉ,

Lors de la distribution des Prix. Année 1811.

JEUNES ÉLÈVES,

L'Université vient pour la troisième fois, depuis sa naissance, vous distribuer ces couronnes, le but et le prix de vos efforts. Elle voit avec plaisir croître d'année en année la noble ardeur qui vous anime ; c'est dans ces jours solennels que se fait sentir la prééminence de l'instruction publique sur l'instruction privée. Conservez cette émulation généreuse, et que les écoles, noblement rivales, ne soient jamais ennemies.

Les lettres grecques et latines, sources de

9*

toute bonne instruction, reprennent leurs premiers honneurs, et leur culture n'interrompt
point celle des sciences ; mais on n'oubliera
point que la première utilité des langues anciennes est d'apprendre à mieux écrire dans sa
langue naturelle. En formant votre goût sur celui des grands modèles d'Athènes et de Rome,
on ne veut point faire de vous, jeunes élèves,
des Grecs et des Romains. Restez Français ; c'est
un assez bel avantage.

C'est pour redoubler le sentiment national
qu'on met souvent sous vos yeux les beaux
exemples de l'histoire contemporaine. Tous ces
hommes illustres dont Plutarque fit le parallèle,
offrent moins de sujets à votre admiration que
cet homme unique et prodigieux, pour qui tous
les parallèles sont désormais impossibles.

Vos cœurs s'ouvrent de plus en plus à ces impressions monarchiques et vraiment françaises
qui confondent dans le même amour la patrie
et le prince, et qui placent aujourd'hui sur le
berceau d'un enfant royal les espérances et les
destinées d'une grande nation. Quand la religion
ouvrait ses temples pour remercier d'une naissance si désirée le Dieu qui renverse et qui relève les trônes, quand le monarque inclinait au
pied des autels, en signe de reconnaissance, un

front chargé de tant de diadêmes, on vous a vus mêler votre joie naïve à celle de toute la France.

La jeunesse de toutes les écoles a voulu disputer, même à ses maîtres, la gloire de célébrer cet heureux événement. Plus d'une heureuse inspiration a soutenu vos muses naissantes ; c'est à vous qu'il appartient en effet de chanter l'enfant de la patrie ; c'est pour vous qu'il s'élève, c'est sur vous qu'il doit régner un jour.

Voulez-vous reconnaître dignement le bienfait de l'éducation que vous devez à son auguste père ? demandez pour l'héritier naissant de l'empire des Fénélon qui forment son cœur à la vertu, des Montausier qui portent la vérité jusqu'à son oreille.

Mais la voix des plus dignes instituteurs n'égalera jamais pour lui l'éloquence des exemples domestiques. Contentons-nous de lui dire à peu près comme le poëte latin dont on vous a fait admirer les ouvrages. Jeune enfant ! dès que tu pourras lire les exploits des héros et ceux de ton père qui les surpasse tous, tu n'auras plus besoin d'autres leçons et d'autres modèles.

DISCOURS

PRONONCÉ

PAR LE GRAND-MAITRE DE L'UNIVERSITÉ,

Lors de la distribution des Prix. Année 1812.

S'IL reste encore des préventions contre la discipline et l'enseignement des écoles actuelles, il est tems que ces préventions disparaissent. Le retour de ces solennités atteste, d'année en année, le progrès des bonnes études. Nous avons eu sous les yeux plusieurs des compositions que l'ancienne Université distingua le plus dans ses concours généraux ; nous avons pu comparer et ceux qui triomphèrent autrefois et ceux qui triomphent aujourd'hui ; nous ne craignons pas d'être démentis en assurant que ce parallèle, fait sans passion, ne serait point au désavantage des jeunes vainqueurs dont on va proclamer le nom.

Les langues anciennes n'ont point perdu leurs premiers honneurs. Ce pays latin, si vanté chez nos studieux ancêtres, mérite toujours sa vieille renommée. Les Hersant, les Porée, les Jouvency, les Rollin y trouveraient des disciples et des successeurs dignes d'eux.

Cependant l'étude de la Grèce et de Rome ne fait point négliger la culture de la langue maternelle. Racine est auprès de Virgile, Tacite auprès de Montesquieu, et Démosthènes auprès de Bossuet. Nous ne parlerons point ici des sciences physiques et mathématiques, car les esprits chagrins qui réservent exclusivement leur admiration pour le passé, n'osent, au moins sous ce rapport, contester la prééminence de l'instruction moderne.

L'Université, nous ne l'ignorons pas, est en butte à deux accusations contradictoires. Tandis que des zélateurs superstitieux de tout ce qui fut ancien déplorent, sans motif et sans examen, l'affaiblissement de ces études classiques où nos pères mettaient tant de gloire et tant de prix, d'autres détracteurs dénoncent notre prédilection pour ces mêmes études, et feignent de croire qu'on ne veut inspirer à la jeunesse que des sentimens grecs et romains.

Aux premiers, nous avons déjà répondu par

des exemples. Qu'ils viennent dans nos écoles, et qu'ils jugent.

Le plus jeune et l'un de nos plus habiles professeurs (1) a réfuté les seconds dans le discours éloquent que vous avez entendu. Il vous a dit que depuis la renaissance des lettres, les plus heureux génies s'étaient formés sur les premiers modèles ; qu'on ne devient original et nouveau qu'en se couvrant avec art des dépouilles de l'antiquité, et que les littératures même les plus riches ont besoin de se renouveler dans ces sources inépuisables du vrai et du beau.

En un mot, quand on veut ranimer la religion des peuples, on montre la statue des dieux ; et les dieux en éloquence et en poésie sont toujours ceux d'Athènes et de Rome. Qu'on ne craigne point de voir reparaître la barbarie scolastique au milieu de la civilisation perfectionnée ; mais qu'on nous permette d'associer le siècle d'Auguste et le siècle d'Alexandre à celui de Napoléon. De si grands souvenirs ne peuvent déplaire au souverain qui lui-même en laissera de si grands.

Notre enthousiasme pour la gloire passée ouvre mieux nos cœurs au sentiment de la gloire

---

(1) M. Villemain.

présente. Si un auguste hymen apporte la paix à
deux Empires, si la naissance d'un enfant royal
promet la perpétuité de la dynastie d'un héros,
si nous voyons de jour en jour le monde français
succéder au monde romain, alors tous les jeunes
talens que nous instruisons s'échauffent à ces admirables récits; et nous abandonnons les antiques merveilles pour des prodiges plus récens.
Nous inscrivons à la porte de toutes nos écoles
trois mots sacrés qui sont la règle de nos devoirs:
Dieu, le Prince et la Patrie. C'est là que se
rattachent et le bonheur des familles et la gloire
de l'Etat qui nous confient leurs enfans.

DISCOURS

PRONONCÉ

PAR LE GRAND-MAITRE DE L'UNIVERSITÉ,

Lors de la distribution des Prix. Année 1813.

C ETTE fête de l'Université se confond avec celle de son fondateur pour rappeler continuellement à la jeunesse française le grand nom qui doit être l'objet de ses hommages et de son admiration.

Cette époque solennelle est aussi chère aux maîtres qu'aux élèves. Elle leur ferait sentir, s'ils en avaient besoin, qu'en formant le goût à la connaissance des beautés littéraires, il n'est pas moins important de former l'âme aux habitudes monarchiques.

Ces deux genres d'instruction, si je l'ose dire, ont des rapports plus intimes qu'on ne pense.

Le goût du beau dans les ouvrages d'esprit naît du sentiment délicat et sûr de toutes les convenances. N'est-ce pas ce même sentiment des convenances qui nous accoutume à bien juger les grands rapports de l'harmonie sociale ? Soit qu'il se renferme dans les objets de pur agrément, soit qu'il embrasse de plus hauts intérêts, il nous met en garde contre les innovations hasardeuses, et ces théories bizarres qu'enfantent des esprits faux ou pervers.

Quand des maîtres habiles et sages, parlant au nom des siècles, s'appuyant sur l'autorité des grands modèles, formait des disciples dignes d'eux, toutes les bonnes traditions sociales se maintinrent avec celles du goût et des beaux-arts.

Mais quand l'anarchie osa s'introduire dans les doctrines littéraires, elle passa bientôt dans les doctrines politiques. Aussi les esprits séditieux ont presque toujours attaqué les maximes de l'ancienne éducation pour ébranler plus sûrement la base des empires.

Ne cessons donc point de remettre en honneur ces solides études qui développaient à la fois la raison et le goût, et qui ne rendaient les esprits plus justes, que pour faire des citoyens plus fidèles.

Nous recueillerons encore les fruits de ce double enseignement. Le même esprit règne dans tous les lycées de l'Empire. Ces concours annuels justifient de plus en plus nos espérances.

L'Université n'a point vu sans un vif intérêt, que dans les compositions tirées même des sujets anciens, les meilleurs élèves s'étaient empressés de saisir avec le discernement le plus sûr toutes les allusions brillantes qu'offraient les tems modernes. Plusieurs on ramené l'image du Prince dans les discours les plus distingués par leur élégance et leur correction, et cette image environnée de tant de gloire, n'en a que mieux inspiré leur jeune talent.

Un écrivain éloquent a dit qu'on ne pouvait parler sans éloquence de Rome et d'Athènes. En effet, l'imagination s'élève en présence des lieux célèbres. Il sort même de leurs ruines je ne sais quelle inspiration qui double le talent de l'orateur. Mais si le pouvoir des lieux est si grand, combien l'est davantage le souvenir des hommes extraordinaires ! On ne peut s'occuper d'eux sans être saisi d'enthousiasme. Vivans, on les révère déjà comme s'ils étaient anciens. Tel est l'homme immortel qui se place naturellement au milieu de toutes nos leçons,

et dont la seule vie nous dispense de chercher ailleurs d'autres exemples d'héroïsme. Sa
gloire embellit toutes nos solennités. C'est sous
ses auspices, c'est en son nom, jeunes élèves,
que nous allons vous distribuer ces couronnes
pour vous les rendre encore plus chères et plus
honorables.

DISCOURS

PRONONCÉ

PAR LE GRAND-MAITRE DE L'UNIVERSITÉ,

Lors de la distribution des Prix. Année 1814.

JEUNES FRANÇAIS,

Vous revoyez ce qu'ont vu vos pères ; vous respecterez ce qui fut l'objet de leurs hommages. Vous aimerez ce qu'ils ont aimé : le présent et le passé ne sont plus ennemis, la France a repris le cours naturel de ses destinées.

Depuis vingt - cinq ans les révolutions ont succédé aux révolutions. On a voulu tout détruire, on a voulu tout renouveler ; la force invincible des choses a tout remis dans l'état ancien.

Lorsque cet heureux et dernier changement vient terminer tous les autres, l'Université n'a pas besoin de changer d'esprit et d'opinion ; elle est amie des vieilles traditions ; elle doit en bénir le retour. Elle est heureuse d'assister à ce triomphe des tems et des souvenirs.

Avant sa renaissance, on avait tenté tous les plans d'éducation. Tant d'efforts infructueux n'avaient point épuisé la manie des systèmes. C'est toujours au bruit de la chute des empires que les imaginations déréglées s'occupent à régénérer le monde. C'est sur des ruines et des tombeaux qu'elles proclament un nouvel art d'instruire et de gouverner les hommes. Les siècles ont vu plus d'une fois se renouveler cette maladie de l'esprit humain qui tourmente les sociétés de je ne sais quel rêve de perfection, au moment même de leur décadence.

L'Université n'a point livré l'instruction au danger de ces fausses théories. Elle a marché dans les anciennes voies, qui sont les plus sûres ; elle a voulu qu'on enseignât aux enfans ce qu'on enseignait à leurs ancêtres.

Resserrée dans ses fonctions modestes, elle n'avait point le droit de juger les actes politiques ; mais les vraies notions du juste et de l'injuste étaient déposées dans ces ouvrages immortels dont elle interprêtait les maximes. Quand le caractère et les sentimens français pouvaient s'altérer de plus en plus par un mélange étranger, elle faisait lire les auteurs qui les rappellent avec le plus de grâce et d'énergie. L'auteur du Télémaque et Massillon prêchaient éloquemment ce qu'elle était obligée de taire devant le génie des conquêtes, impatient de tout perdre et de se perdre lui-même dans l'excès de sa propre ambition. En rétablissant ainsi l'antiquité des doctrines littéraires, elle a fait assez voir, non sans quelque péril pour elle-même, sa prédilection pour l'antiquité des doctrines politiques.

Elle s'honore même des ménagemens nécessaires qu'elle a dû garder pour l'intérêt de la génération naissante ; et sans insulter ce qui vient de disparaître, elle accueille avec enthousiasme ce qui nous est rendu.

Et combien la tâche qui lui est imposée devient aujourd'hui plus facile ! Pour inspirer les mœurs et les vertus, elle les montrera sur le trône. Le Dieu qu'annonça Bossuet en déplorant les malheurs, jusqu'alors inouïs, d'une fille et d'une petite-fille d'Henri IV ; le Dieu de nos pères semble déjà nous parler avec une nouvelle puissance, quand nous voyons, au pied de ses autels, cette auguste princesse qui, dans un âge plus tendre, éprouva les mêmes malheurs. La religion est sûre de son triomphe quand les enfans de Saint - Louis abaissent devant elle un diadême révéré depuis neuf cents ans.

Ces bienfaits nous sont communs avec toute la France. Il en est d'autres, moins importans sans doute, qui ont aussi quelque intérêt, et qui nous sont particuliers.

Lorsqu'un empire s'étend au-delà des limites qui lui furent assignées par la nature, il reçoit dans son sein des populations nouvelles qui lui apportent d'autres langues et d'autres mœurs. L'esprit qui l'a fondé, l'esprit qui le conservait se dénature et s'affaiblit, car le sentiment de la patrie ne peut avoir de force que dans un territoire sagement circonscrit où toutes les habitudes se correspondent. L'influence des idiomes étrangers corrompt insensiblement la pureté de l'idiome maternel ; le goût, les lettres et les arts sont menacés d'une barbarie prochaine.

Ces justes alarmes sont dissipées. Les lettres vont refleurir sous un roi qui les aime, et qui, dans ses délassemens, orna son esprit de ce qu'elles ont de plus aimable et de plus élevé.

Ce n'est donc plus à voix basse, c'est à haute voix que nous attesterons désormais, dans ces solennités annuelles, le beau siècle de Louis XIV, ce siècle de notre gloire littéraire. En attendant que les statues de ce grand roi soient relevées dans

les places publiques, rallumons l'encens qu'il recevait autrefois dans le sanctuaire qui nous rassemble ; que son ombre glorieuse reparaisse encore au milieu de nous, escortée par celles des
grands hommes dont son règne et son nom ne
peuvent être séparés. L'aspect de ces rives ne
peut plus affliger ses regards. Les infortunes de
sa race royale sont vengées. Son descendant est
rentré dans son héritage.

Jeunes Français, vous partagez nos émotions
et notre joie. Vous ne serez plus exposés comme
nous aux essais hasardeux d'un gouvernement
inconnu. C'est le gouvernement légitime qui
renaît ; c'est en quelque sorte l'autorité paternelle qui reprend ses droits. Interrogez nos an-
nales, vous y verrez la gloire et le bonheur de la
France s'accroître de siècle en siècle, sous la
sage administration de cette antique dynastie.
Le roi que nous recouvrons est formé de ce
sang glorieux si cher à vos pères, de ce sang
tout français, où l'héroïsme se mêle à la bonté.
Ce roi, dont l'âme et les lumières se sont encore agrandies à l'école de l'adversité, se fera
chérir comme le chef de sa maison, puisqu'il fut
comme lui persécuté par la fortune. Son retour
est un bienfait pour l'Europe comme pour la
France. Un Bourbon seul pouvait donner la paix,

et la paix revient avec lui. Réjouissez-vous donc,
ô vous que la guerre moissonnait presque à
l'entrée de la vie! Réjouissez-vous! la paix ramène avec elle les longues espérances pour
votre jeunesse, et la sécurité pour le cœur de
vos mères ; elle assure enfin à vos travaux ce
développement et ces fruits qui seront un jour
les richesses de votre âge mûr et l'ornemeut de
la patrie!

DISCOURS

PRONONCÉS A L'ACADÉMIE FRANÇAISE.

DISCOURS

PRONONCÉS

PAR M. DE FONTANES,

A L'ACADÉMIE FRANÇAISE.

~~~~~~

TROISIÈME PARTIE.

RÉPONSE

DE M. LE PRÉSIDENT DE L'ACADÉMIE FRANÇAISE,

LORS DE LA RÉCEPTION DE M. ÉTIENNE.

MONSIEUR,

Les honneurs littéraires ne sont pas seulement destinés à ceux dont les chefs-d'œuvre ont instruit et charmé le Monde. Il est aussi quelque gloire pour ces talens aimables et faciles qui, d'âge en âge, ont fait l'ornement de nos sociétés les plus choisies, et sont devenus en quelque
~~~~~~

sorte les conservateurs des grâces et de l'urbanité française.

Les grands écrivains sont connus et cités en
tous lieux. L'admiration publique a prévenu
leurs panégyristes ; et dès que celui-ci se présente,
il est interrompu par les regrets et les hommages
universels qui retentissent sur leur tombeau ; en
un mot, dès qu'on a prononcé le nom d'un
grand homme, on a déjà fait son éloge.

Des nuances plus fugitives et moins faciles à
saisir forment les traits de ces auteurs ingénieux
et légers, dont l'à-propos fut, pour ainsi dire,
la première muse. Plus leur esprit souple et va-
rié s'accommode aux circonstances qui l'inspi-
rent, et plus il a quelquefois de peine à leur sur-
vivre. Mais si leur gloire est moins imposante et
moins durable, elle est peut-être plus douce et
plus tranquille. L'envie et la haine s'éloignent
d'eux, car leurs succès sont peu disputés dans
ces cercles brillans dont ils embellissent les fêtes.
Dignes héritiers de nos vieux troubadours,
prouvant par leur gaieté cette antique et joyeuse
origine, ils courent dans tous les lieux où le
plaisir les appelle ; ils entrent, une lyre à la main,
dans le palais des princes ; ils paient noblement
l'hospitalité dans ces demeures du luxe et de la
grandeur, en y chassant la contrainte et les sou-

cis par les jeux d'une muse badine, qui mêle plus
d'une fois les leçons de la sagesse aux chants de
la folie et du plaisir. Plus heureux encore, ils
viennent s'asseoir aux banquets de l'amitié. Partout la joie redouble à leur passage. C'est la joie
qui leur dicta ces vaudevilles piquans, ces re-
frains qu'une heureuse naïveté rendit populaires;
c'est la joie encore qui, mieux que l'or et la faveur, acquitta les vers qu'elle fit naître, en les
répétant de la Cour à la ville, et de la ville jusqu'aux extrémités de la France. Les fruits de
leur imagination riante, après avoir charmé les
contemporains, sont même recueillis avec soin
par la postérité, s'ils réunissent la finesse au naturel, et la satire agréable des mœurs au respect pour les bienséances sociales.

En peignant le troubadour moderne, n'ai-je
pas tracé le caractère de M. Laujon? Il critique
sans amertume, il folâtre sans licence : c'est un
avantage qu'il eut sur Anacréon, auquel vous le
comparez. Pour l'imiter en tout, il atteignit sa
vieillesse. Mais il ne se borna point, comme son
modèle, à ne faire que des chansons; il com-
posa des pastorales intéressantes, des drames
gracieux dont nos théâtres lyriques conservent
encore la mémoire. La conformité des goûts le
rapprocha, pendant sa vie, des Collé et des

Favart ; et , pour me servir d'une expression de Voltaire , il va les rejoindre le dernier , *comme cadet de la famille.*

Les compagnons de ses plaisirs ne furent pas si heureux que lui. Ils n'entrèrent point dans ce sanctuaire des lettres , qu'ouvrirent à M. Laujon des succès de plus d'un genre , et l'intérêt que mérite un long âge honoré par une conduite irréprochable.

Nous avons cru juste, Monsieur , de ne point vous faire attendre une distinction que d'autres ont briguée trop long-tems.

Vos premiers essais ont embelli le théâtre où brilla M. Laujon. En vous jouant dans la même carrière , vous méditiez un essort plus élevé. On vous a vu paraître avec éclat sur la scène de Molière. Vous n'avez point succombé sous la périlleuse entreprise d'une comédie de caractère en cinq actes et en vers. Les applaudissemens du public ont déterminé nos suffrages plus que la bienveillance des illustres amis dont votre jeunesse a droit de s'honorer.

Je n'ai point vu la représentation de vos *Deux Gendres* ; je ne puis donc juger de tout leur effet ; mais j'ai eu le plaisir de les lire, et je ne m'étonne point de leur succès. Ce n'est point à vous qu'il faut dire :

Un vers heureux et d'un tour agréable
Ne suffit pas.

De meilleurs juges que moi, vos rivaux eux-
mêmes, ont avoué qu'à ce mérite, qui n'est pas
vulgaire, vous avez su joindre

De l'intérêt, du comique, une fable.

Marchez d'un pas ferme et sûr dans la carrière
où votre début est si glorieux ; justifiez par de
nouveaux succès nos espérances et votre précoce
renommée.

Jeune encore, c'est en homme déjà mûr que
vous avez parlé de votre art dans le discours
que cette assemblée vient d'entendre et d'applau-
dir. L'art de la comédie vous paraît sans limites.
C'est ainsi que doit juger l'enthousiasme, et l'enthousiasme sied à la jeunesse. Vous observez
très-bien que chaque génération apporte de nouvelles nuances à nos travers ; qu'elle en varie
les expressions, et peut fournir, à chaque époque, des couleurs différentes. Mais d'autres rapports dans les caractères sont-ils des caractères
nouveaux ? Croyez-vous, par exemple, que l'a-
vare, le prodigue, le joueur, ne soient pas aujourd'hui ce qu'ils étaient autrefois ? Tartufe
sans doute n'est plus dévot, Tartufe est trop

adroit pour choisir des rôles où l'on ne gagne plus
rien. Il prend un autre déguisement ; mais il reste
toujours l'hypocrite. Les masques changent, et
non les passions. Ceux qui ont exprimé les premiers traits de la nature n'ont-ils pas quelque
avantage sur ceux qui n'en pourraient plus saisir
que les variétés inconstantes ? Toutefois, je me
rassure, et je reconnais avec vous que les maté-
riaux ne manqueront pas de long-tems à celui
qui peint les ridicules. Je ne crois pas qu'en ce
genre au moins on accuse la stérilité du siècle
présent.

Vous avez su tracer avec sagesse les devoirs et
les priviléges du poète comique. Sans doute en
attaquant les vices de la société, il doit toujours
respecter les principes conservateurs qui la maintiennent. Mais en exigeant du génie cette cir-
conspection salutaire, vous l'abandonnez ensuite
à toute son audace. Vous réclamez pour lui des
sauvegardes et non des barrières.

En effet, quand les autorités étaient faibles et
les exemples corrupteurs, les muses ont pu s'a-
bandonner quelquefois à de coupables écarts.
Mais ce danger n'est plus, aujourd'hui que tout
est grand, fort et respecté sous le gouvernement
qui les protége. Libres et sages désormais, leur
voix en auront plus d'autorité dans l'avenir. Elles

sont chargées de transmettre à la mémoire des événemens inouïs. Qu'on reconnaisse à la franchise de leur langage que tout est vrai dans leurs récits, quoique tout y soit merveilleux. Après avoir conté tant de victoires, les trônes détruits ou donnés, les royaumes conquis en moins de tems qu'on ne prenait jadis une ville, elles célébreront surtout les grandes pensées du législateur et les travaux sans nombre qu'il exécute pour la splendeur et la prospérité de son vaste Empire; un même Code gouvernant vingt nations diverses; une magnificence vraiment royale embellissant les cités; ce Louvre, que dix rois ébauchèrent, achevé par un seul en quelques années; des canaux joignant les fleuves et les mers pour les besoins de l'agriculture et de l'industrie; un art nouveau perfectionnant tous les jours les productions du sol français;

> Et nos voisins frustrés de ces tributs serviles,
> Que payait à leur art le luxe de nos villes,

comme le disait un grand poète à un grand roi. En un mot, les Muses assises au pied du trône, en peignant ce règne glorieux, composeront leur tableau de ce qu'il y eut de plus extraordinaire dans les siècles héroïques, et de plus sage dans les siècles éclairés. La postérité lira cette admirable histoire; et puisse-t-elle dire un jour que si jamais prince ne fut plus digne d'être loué, jamais, en louant, on ne connut mieux la dignité des lettres, l'intérêt des peuples et la vraie gloire des souverains!

DISCOURS

PRONONCÉ

PAR LE VICE-PRÉSIDENT DE L'ACADÉMIE FRANÇAISE,

Dans la séance d'installation du 24 avril 1816.

MESSIEURS,

L'Académie française, à sa naissance, n'était qu'une réunion de gens de lettres, animés d'un zèle commun pour la perfection du langage. Le nom de quelques-uns de ces hommes utiles jette aujourd'hui peu d'éclat; mais les services importans qu'ils ont rendus ne doivent jamais être oubliés.

Notre langue était encore imparfaite et grossière. Son antique barbarie s'était même accrue dans le siècle précédent, par les folles hardiesses de Ronsard et de ses imitateurs. Malherbe, il est vrai, leur avait succédé, et, dans un petit nombre de vers que le tems n'a point fait vieil-

lir, il avait marqué le vrai caractère de l'harmonie poétique. Balzac avait porté dans son style,
et même jusqu'à l'abus, ce nombre et cet art de
flatter l'oreille, qu'on doit cultiver sans doute
dans la prose comme dans la poésie ; mais avec une
intention moins marquée, et par des procédés
tout différens.

Malgré ces premiers efforts, la langue française était loin d'avoir dépouillé toute sa rudesse.
Des constructions vicieuses, des inversions bizarres, des tours obscurs, et des locutions su-
rannées laissaient apercevoir la grossière empreinte des âges gothiques. Toutes les nuances
du style étaient confondues. Aux excès de la
plus monstrueuse enflure, on mêlait à chaque instant ceux de la plus ignoble familiarité. Il fallait
donc fixer les principes encore incertains de
cette langue, qui cherchait son propre génie ; il
fallait avant tout lui donner l'ordre, la justesse
et la clarté, le plus essentiel de ses caractères ;
il fallait de plus l'accoutumer aux bienséances
de chaque style, en distinguant l'effet des mots
bas ou nobles qui la composent ; il fallait chercher enfin ses règles et ses exceptions dans la nature et dans l'usage.

Tel fut le travail que s'imposèrent, il y a
près de deux cents ans, les premiers fondateurs

de l'Académie. Ces mains savantes et laborieuses,
qui polissaient avec tant d'effort les élémens de
la langue maternelle, n'ont pas créé les chefs-
d'œuvre qui l'immortalisent; mais elles prépa-
rèrent au moins, pour le grand siècle, les ma-
tériaux et les instrumens avec lesquels il put
élever l'édifice immortel de sa grandeur littéraire, et c'est assez pour obtenir de justes hommages.

Notre littérature était dans l'enfance lorsqu'on
forma le projet d'épurer et d'ennoblir le langage. On luttait alors contre la barbarie de
l'ignorance ou du pédantisme. Les littératures,
en vieillissant, tombent dans une barbarie souvent pire que la première. Le siècle où les vrais
principes sont corrompus est-il dans un état plus
favorable que le siècle où les vrais principes sont
ignorés? On peut diriger, adoucir, perfectionner
la sève d'un arbre sauvage et robuste, impatient de croître et de se multiplier; mais s'il a
dégénéré par le tems et par les mauvaises cul-
tures, il est difficile de corriger les vices dont
il a pris l'habitude, et de retarder l'épuisement
qui le menace.

Quand l'Académie française reparaît, on peut
donc trouver quelque rapport entre l'époque de
sa naissance et celle de sa régénération. Il n'est

aucun de vous., Messieurs, qui n'achève le parallèle, en voyant à la tête de cette compagnie
littéraire un digne descendant du grand ministre
qui la fonda. Ce nom glorieux rappelle à tous
les souvenirs le génie qui raffermit les empires,
et qui dissipe les factions; il ne s'attache pas
avec moins d'éclat aux progrès, au maintien
de cette langue française, dont l'usage universel a peut-être aidé plus d'une fois, dans
les autres cabinets, notre influence politique.
La France a repris courage. Elle se confie au
nom de Richelieu, à ce nom qui fut d'abord
si grand parmi les hommes d'État, si respecté
parmi les gens de lettres, et qui depuis se fit
remarquer par cette valeur brillante et ces
grâces aimables tant célébrées, et sur les rem-
parts de Mahon, et dans les cercles de Paris. Il
semble enfin qu'avec ce nom, d'heureux présage,
vont reparaître à la fois tous les traits du caractère national.

L'élégance et la pureté du langage ne sont
point inutiles à ce renouvellement du caractère
français. La politesse des expressions et celle
des mœurs ont plus d'une analogie; et travailler
sur une langue, c'est travailler plus qu'on ne
croit sur les sentimens du peuple qui la parle et
qui l'écrit.

Toutefois l'Académie n'ignore pas que des esprits superficiels, et que même de graves philosophes qui ne le sont pas assez, traitent quelquefois avec un dédain superbe ce premier objet de ses occupations : elle ne répondra point aux premiers, ils ne pourraient l'entendre ; mais elle invite les seconds à l'écouter. S'ils sont philosophes, comme ils le disent, ils doivent avoir médité sur la relation des signes et des idées. En y réfléchissant mieux, ils verront peut-être que cette science des mots (je m'énonce ici comme eux) n'est bien souvent que la science des choses.

En effet, Messieurs, celui qui peint la pensée a dû penser long-tems pour l'exprimer dans toute son énergie. Or, la parole est une peinture, et le style n'est que la parole écrite. Quel est tout le secret du style ? C'est de reproduire au-dehors, avec un art fidèle, tout ce qu'on a conçu dans le secret de la méditation au-dedans de soi-même. L'écrivain porte en son esprit un modèle intérieur dont il veut représenter l'image. Des expressions diverses tour à tour se présentent, une analyse rapide en décompose les nuances fortes ou délicates, élevées ou profondes. Que de vues perçantes et variées pour comparer et pour choisir ! Ces expressions elles-mêmes

11*

amènent d'autres idées, car elles en sont à la fois l'effet et la cause. Si la conception est pauvre, incomplète et languissante, le style, qui en est l'image, aura nécessairement le même caractère. Alors une voix secrète semble dire à l'écrivain : Médite davantage, pénètre plus avant dans ta pensée; c'est de sa substance même pour ainsi dire qu'il faut tirer sa forme et sa ressemblance. L'expression et la pensée ont donc une commune origine qui se décèle dans la conformité de leurs traits. Des rapports intimes et mystérieux les attachent l'un à l'autre comme l'âme au corps, et le principe à ses conséquences.

J'en atteste ici, Messieurs, non-seulement les poètes et les orateurs, mais ces hommes qui sont l'honneur des sciences, et qui, dans un langage digne d'elles, nous racontent les révolutions de la terre ou du ciel, et ceux qui embellissent d'une sage élégance les recherches de l'érudition ou les théories des beaux-arts; je les atteste tous sans crainte : ils vous diront mieux que moi combien ce travail est utile et fécond; ils vous diront qu'en perfectionnant le goût, on perfectionne aussi l'intelligence : oui, le choix d'un seul mot qui doit donner plus de force ou de grâce au discours occupe souvent l'esprit tout entier, et l'esprit en augmente de souplesse et d'énergie.

Quoi! s'écriera l'ignorance, un mot vaut-il tans d'efforts. Mais ce mot nécessaire avait fui long-tems; mais quand il est saisi dans un moment favorable, il développe, il achève, il éclaire, il embellit la pensée. C'est par lui qu'elle est vivante; que dis-je? il la perpétue pour jamais, il va la rendre universelle. Otez ce mot, changez-le seulement de place, et ce que vous admiriez n'existe plus.

Ainsi donc l'art d'écrire et l'art de penser sont inséparables. L'étude approfondie d'une langue, si cette étude est dirigée par le goût, est une des occupations les plus propres à former le jugement. Et remarquez, Messieurs, le bon sens de nos pères : un instinct sûr leur avait appris cette vérité. La jeunesse élevée dans les anciennes écoles étudiait d'abord les langues classiques pour mieux apprendre la sienne. Les sciences avaient leur tour; mais les connaissances littéraires étaient la base de toutes les autres. Elles étaient communes aux Bacon, aux Descartes, aux Leibnitz, aux Galilée, aux Pascal, comme aux Milton, aux Tasse, aux Corneille et aux Bossuet. Ces savans illustres pensaient comme ceux qui m'environnent. Ils aimaient et cultivaient les lettres; et si plusieurs d'entre eux furent surpassés par le progrès ultérrél des sciences de calcul et d'observation, quelques-uns laissèrent après eux des écrits dont l'éloquence durable ne sera point effacée. Les sciences physiques et mathématiques ont sans doute la plus haute importance. La société s'enrichit tous les jours de leurs travaux. C'est à leur application que l'industrie, le commerce et les arts mécaniques sont redevables de tant de machines ingénieuses ; mais *ces arts*, comme le dit énergiquement Bacon, *sont enracinés dans les besoins de l'homme*, et se développent successivement par les efforts de l'intérêt et de la cupidité. L'accroissement des richesses et des commodités de la vie est un grand bienfait, on ne peut le nier ; cependant notre cœur a de plus nobles instincts qu'il faut aussi satisfaire. Les lettres, envisagées dans leurs rapports généraux, ont une influence plus directe sur la partie morale et sensible de l'homme. Je ne crains donc point de le dire, et je m'appuie en ce moment sur l'autorité de ces grands hommes qui portèrent une haute philosophie dans la culture des sciences ; je ne crains pas de le dire : un peuple qui ne serait que savant pourrait demeurer barbare ; un peuple de lettrés est nécessairement sociable et poli.

Quoi qu'il en soit, tous nos grands écrivains

ont commencé par ces études classiques. Ils te-
naient, dès leur jeune âge, entre leurs mains
Homère et Virgile, Cicéron et Démosthènes.
Leur imagination, fécondée par la lecture de ces
grands originaux, a transporté dans la langue
française des richesses qu'elle ne connaissait pas.
C'est par cette raison qu'il s'exhale de leurs
écrits je ne sais quel parfum d'antiquité dont
la douceur est si pure, et qui semble venir
jusqu'à nous des beaux cieux de l'Italie et de la
Grèce. Ceux à qui manqua le premier bienfait de cette éducation littéraire, n'ont pu même
y suppléer par les plus heureux dons de la
nature.

Il faut toujours se rappeler l'origine de l'Académie pour bien connaître sa destination et le
choix des élémens qui doivent la composer.
Ceux qui savent à fond leur langue, et qui
l'écrivent avec pureté, ont à ses yeux des titres
incontestables. Elle a droit même de s'associer
quelques-uns de ces hommes aimables doués
d'un goût naturel, et qui trouvèrent dans leur
berceau ces élégantes traditions de l'art de vivre
et de l'art de parler, dont les exemples, autrefois si communs, firent long-tems du peuple
français le plus sociable de tous les peuples. Si
quelque talent nouveau s'annonce à la renommée

par des qualités prédominantes, alors la foule s'écarte devant lui. Eh ! qu'importerait même qu'il eût commis quelques fautes, s'il venait s'offrir avec une production vraiment originale ! Les barrières de cette enceinte, n'en doutons point, s'ouvriraient en sa présence, et tout le corps brillerait de l'éclat apporté par un seul homme. Mais les talens supérieurs n'apparaissent qu'à de longs intervalles : les plus beaux siècles en furent avares. Au défaut de ces esprits du premier ordre, choisissons ces esprits justes, qu'une critique saine, une littérature variée, un goût délicat recommandent à l'estime. Ces derniers même ne sont pas communs. Songeons que déjà Racine et Boileau se plaignaient de leur rareté. Ils les recherchaient avec soin, ils les consultaient avec déférence. Boileau, le législateur du goût, ne dédaigna point les observations du sage Patru. Voltaire (car les mêmes principes se retrouvent dans les hommes dignes de se ressembler); Voltaire consulta plus d'une fois le docte abbé d'Olivet, et lui fit l'honneur de le nommer son maître.

Un tribunal de la langue et du goût est essentiel au maintien de toute littérature : il faut une autorité suprême pour réprimer les hérésies de tous les genres. On ne peut nier qu'à l'aide de ces traditions fidèles et respectées chez les écrivains français pendant un siècle et demi, la langue et le goût ont moins éprouvé de variations en France que chez la plupart des peuples voisins. A cent ans de distance, Boileau retrouverait l'art de sa versification dans le traducteur des Géorgiques; l'âme de Fénélon se reconnaîtrait dans quelques pages de Bernardin de Saint-Pierre. Et qu'on ne croie pas, Messieurs, que la constance et la sévérité des principes arrête l'essor et l'originalité des talens. Les productions successives de l'esprit, durant ce long intervalle, furent variées comme les fruits de chaque saison. Toutes ont aussi leur forme, et leur éclat et leur goût divers ; mais toutes ont heureusement mûri dans la même terre et sous le même soleil.

L'influence de ces principes conservateurs du bon goût n'est pas uniquement renfermée dans la littérature. Elle agit, plus ou moins, sur la nation toute entière ; elle y développe le sentiment de toutes les bienséances : l'esprit des classes les plus cultivées parvient insensiblement jusqu'aux classes inférieures ; et donne avec le tems ses modifications particulières aux habitudes générales. C'est à ce goût épuré, n'en doutons pas, que le siècle de Louis XIV a dû tant'gloire ; c'est à lui que la France a dû long-tems tous les charmes de la vie sociale.

Il fut un tems, et notre jeunesse en a vu tout l'éclat, il fut un tems où la société française était le modèle des sociétés polies. Là, dans un même cercle, on voyait se confondre les dignités et les talens. Toute grandeur, dit-on, effarouche un peu la liberté ; mais les distinctions du rang et même celles du génie n'avaient rien d'incommode en ces lieux où l'art de plaire était le premier de tous les titres. On a peint la fortune distribuant les places au hasard et sans choix : le goût qui présidait à ces assemblées d'élite, était moins aveugle que la fortune, il laissait la prééminence au plus aimable. C'est là qu'au milieu des inégalités naturelles et sociales se trouvait une parfaite égalité, mais sans désordre et sans licence. L'amour propre lui-même avait caché ses prétentions, et la dispute bruyante n'osait élever sa voix. Une bienveillance mutuelle respirait sur tous les visages, et s'exprimait dans tous les discours. La conversation était tour à tour légère et instructive, jamais trop libre, et jamais trop pesante. On venait de toutes parts chercher dans cette capitale, comme autrefois dans Athènes, tous les plaisirs de la société. La ressemblance était exacte, car on trouvait surtout dans ces réunions que je regrette, des femmes aimables et éclairées, dignes également de sentir et les grâces d'Alcibiade et la dignité de Platon. Que les tems sont changés ! Elles ne sont plus ces réunions où chaque heure en fuyant laissait un plaisir, où l'heure du départ arrivait trop vite après la plus longue soirée ! S'il est encore quelques lieux où l'on se rassemble, on y va par bienséance, on y reste avec ennui, on en sort avec promptitude : les femmes causent à part, comme si nous étions restés Gaulois, et si nous n'étions pas devenus Français. Quelques-unes, à la vérité, se mêlent à la conversation ; mais ce n'est plus pour apaiser la haine des partis, c'est pour entretenir des controverses souvent obscures, toujours hasardeuses ; et ne devraient-elles pas bien plutôt se féliciter du bonheur de ne pas les comprendre !

Vous connaissez, Messieurs, les causes de ce changement : elles sont trop déplorables pour les rappeler. Puissent enfin les esprits divisés par tant de partis contraires depuis vingt-cinq ans se réunir dans les jouissances littéraires ! Celles-là sont amies de la paix ; elles doivent même intéresser ceux qui méditent sur les intérêts politiques. Jadis à l'avenue du temple des

lois, le législateur avait placé toutes les Muses,
filles de la Mémoire qui donne les prudens conseils, et mères de la Persuasion qui réunit tous
les cœurs.

Il est tems que les Muses rappelées adoucis-
sent les blessures de la patrie. Elles reviennent
à la suite d'un Roi dont elles firent la consola-
tion dans ces jours d'absence et de deuil que ses
sujets ont plus déploré que lui-même. Louis XIV
protégeait les lettres pour la grandeur de son
règne plus qu'il ne les aimait pour elles-mêmes.
Son successeur les aime autant qu'il les protège.
Je disais naguère, Messieurs, que les expressions
étaient toujours empreintes des vrais sentimens
de l'âme; j'ai fait, sans m'en apercevoir, l'éloge
de notre auguste protecteur. Toutes les paroles
tombées du haut du trône n'ont-elles pas ce caractère de modération et de magnanimité qu'on
admira toujours dans la race de ces grands rois,
de ces bons rois qui règnent sur nous depuis neuf
cents ans? La postérité recueillera ces paroles mémorables. La France et l'Europe y reconnaissent
à chaque instant la sagesse d'un législateur, la
bonté d'un père, et la dignité d'un monarque.

RÉPONSE

AU DISCOURS PRONONCÉ PAR M. DESÈZE,

Lors de sa réception le 24 août 1816.

Monsieur,

Un talent original et quelquefois sublime, des vertus simples et modestes qui rendent le talent plus respectable et plus cher quand elles se réunissent avec lui, tels sont les deux traits principaux sous lesquels se présente à notre admiration et à nos regrets le poète illustre dont vous avez peint le caractère et jugé les ouvrages. Que peut ajouter ma faible voix au noble et touchant hommage qu'il a déjà reçu de vous ? Quand je vais parler encore de lui, j'ai besoin de me rassurer pour tout l'intérêt qui s'attache à son nom. J'ose à peine revenir sur un sujet dont votre éloquence, avant moi, vient d'épuiser toute la richesse.

M. Ducis parut assez tard dans la carrière où ses succès ont jeté tant d'éclat. Il avait trente-six ans quand son premier essai tragique annonça que la scène française aurait un poète de plus. Soit que l'époque de ses débuts littéraires ait été retardée par les circonstances de sa vie ou par ses propres réflexions, c'est peut-être à cette heureuse lenteur qu'il a dû l'énergique sensibilité qu'on admire dans ses vers, et les sages principes qu'on n'admire pas moins dans sa conduite. Avant d'écrire, il avait long-tems fécondé sa pensée par des méditations solitaires; avant de connaître les dangers du monde, il avait trouvé dans les exemples domestiques tout ce qui pouvait le prémunir contre des séductions étrangères. Son père, dont il ne prononçait jamais le nom qu'avec attendrissement et respect, n'était point un personnage éminent par la fortune ou par les dignités; mais comme celui d'Horace, il était homme de bien. J'ai su de M. Ducis lui-même, car j'ai eu l'honneur de le rencontrer plus d'une fois dès ma première jeunesse, j'ai su qu'il lisait souvent la Bible et Plutarque avec ce père vénérable qui ne connaissait guère d'autre lecture. On peut se passer d'une vaste bibliothèque avec ces deux livres, qui renferment tous les trésors de la religion, de la morale et du bon sens.

N'en doutons point : la plus importante éducation pour l'homme est celle qu'il reçoit dans sa famille dès ses premières années. L'éducation domestique doit préparer toutes les autres, et seconder leur influence. Oserais-je ici me permettre une réflexion ? De graves reproches s'élèvent tous les jours contre l'esprit des écoles publiques ; ce n'est pas le moment d'examiner jusqu'à quel point ils sont bien ou mal fondés. Mais que les parens s'interrogent de bonne foi dans le secret de leur conscience. Est-ce aux maîtres du dehors que tout le mal doit être imputé ? *On se plaint des mœurs de nos écoles*, disait autrefois Quintilien, car ces déclamations ne sont pas nouvelles ; mais, ajoutait-il : *Ces mœurs ne se prennent pas toujours dans les institutions publiques, objet de tant d'outrages ; elles y sont quelquefois apportées par la jeunesse qu'on nous confie.*

M. Ducis eut à cet égard des avantages dont il se félicita toute sa vie. Formé long-tems à la vertu par les auteurs de ses jours, plein des graves doctrines qu'il avait puisées dans leurs entretiens, il n'entra dans le monde que lorsqu'il était sûr de lui-même Il ne heurta point les opinions qui l'environnaient, mais il garda la sienne, et n'en fut que plus sage et plus heureux.

Le dix-huitième siècle, en finissant, s'étonna de voir tout à coup sortir de la foule un écrivain dont il ignorait le nom, et qui sut obtenir une prompte célébrité sans intrigues et sans cabale. Par une singularité plus remarquable encore, cet écrivain était religieux, et pourtant il se destinait au théâtre. Je sais que la piété de Corneille et de Racine était égale à leur génie; mais de tous les exemples laissés par ces deux grands hommes, celui-là peut-être était le plus oublié.

La nature destinait M. Ducis à peindre les passions fortes. Ce caractère s'annonça par le modèle dont il fit choix. Le génie de Shakespeare se rendit le maître du sien.

On dit que sur d'âpres montagnes et dans des forêts sauvages, il était autrefois des antres magiques où le trépied s'agitant de lui-même, communiquait aux prêtres des dieux un enthousiasme involontaire. C'était, si j'ose m'exprimer ainsi, sur le trépied de Shakespeare que M. Ducis recevait l'inspiration tragique. Là, du fond d'un nuage sombre, il voyait apparaître des figures gigantesques. Il essayait de les réduire

à des proportions régulières. Il créait en imitant.
La scène de l'urne dans sa tragédie d'*Hamelet*
n'est-elle pas une création absolument originale?
Jamais, depuis Corneille, le dialogue n'eut
plus de force et de véhémence. Dans *Juliette* et
Roméo, il associa les couleurs du Dante à celles
de Shakespeare. Le poète anglais et le poète
italien méritaient d'être rapprochés : ils ont plus
d'une analogie. Ils ont brillé l'un et l'autre au
milieu d'un siècle barbare, et le tems n'a point
effacé la profonde impression qu'ils ont dû faire
autrefois sur leurs contemporains. L'énergie de
tous les deux se retrouve dans le poète français.

M. Ducis quitta pourtant une fois ces modèles
hasardeux, dont l'audace peut élever le génie,
mais dont les bizarres conceptions peuvent éga-
rer aussi le goût et le jugement. Il trouva dans
Sophocle des beautés aussi mâles et plus soute-
nues, des beautés de tous les pays et de tous les
tems, qui ne parurent point étrangères sur un
théâtre illustré par l'auteur de *Phèdre* et par
celui de *Mérope*. En passant de Shakespeare à
Sophocle, et du ciel de l'Angleterre à celui de la
Grèce, la gloire de M.* Ducis s'accrut d'un nouvel éclat. Jamais elle n'avait été si pure et moins
contestée. Quand il fit paraître son *OEdipe*, un

grand critique (1), qu'on n'accusera point d'in-
dulgence, s'exprimait ainsi sur cet ouvrage : « *Le
puthétique sombre et profond du rôle d'OE-
dipe , la sensibilité douce et attendrissante de
sa fille Antigone , des vers sublimes, d'une
simplicité touchante et énergique ; des vers
de situation dignes de nos grands maîtres ,
voila ce qui doit racheter quelques défauts.
Il y a peu d'exemples de ce degré de chaleur
et d'énergie.* »

Mais les noirs fantômes de la tragédie anglaise
s'emparèrent encore de M. Ducis. Il imita tour
à tour *Léar, Othello , Jean - Sans - Terre* et
Macbeth. Dans cette dernière tragédie, il ex-
prima quelquefois, avec une effrayante vérité,
les remords qui suivent un grand attentat. Cependant son âme pure n'avait point dû connaître
les remords. Il est donc vrai que l'instinct des
grands poètes devine ce qu'ils ne savent pas.

Après avoir tracé tant de scènes terribles , où
son génie lutta plus d'une fois avec avantage
contre celui de Shakespeare, il voulut se délasser dans de plus douces peintures. Une dernière composition dramatique, qu'il ne doit qu'à

---

(1) M. de Laharpe.

lui-même, *Abufar*, est le tableau des mœurs arabes. La simplicité de ces mœurs antiques convenait à ses pinceaux; les habitudes de sa vie l'appelaient vers le repos domestique et sous la tente patriarchale, plutôt que dans les cours et dans les palais des rois.

Les terreurs de la tragédie ne le poursuivaient pas toujours; il aimait la campagne, il s'y réfugia surtout au moment des discordes civiles. Là, se livrant tout entier aux plus douces rêveries, il oubliait les crimes des hommes. Il confiait, dans des vers échappés de son âme, ses plus secrets sentimens à l'oreille de l'amitié, ou faisait entendre au fond de la retraite le chant naïf et mélancolique de la muse pastorale.

La famille de M. Ducis était originaire des montagnes de la Savoie. Il aimait à rappeler cette origine. Si, pour juger le caractère de ses ouvrages, on eût dit en sa présence que son génie n'était pas sans quelque rapport avec les formes irrégulières de ces hautes montagnes où se rencontrent tour à tour les aspects les plus terribles et les sites les plus touchans, quoique un peu sauvages, il aurait souri peut-être à cette comparaison.

La vérité suffit à l'éloge des hommes supérieurs; et pour louer celui dont je parle, on n'a pas besoin d'exagération. J'acheverai de le peindre en peu de mots. Sa vie fut toute poétique ; il ne connut par conséquent, ni les embarras des affaires, ni les tourmens de l'ambition. Il posséda les trois biens que l'homme désire le plus, l'indépendance, le repos et la gloire. Il eut des amis, et mérita d'en avoir. Je n'en citerai qu'un seul dont le nom fait l'éloge de tous les autres. Il inspira la plus tendre affection à M. Thomas, qui ne portait pas moins de gravité dans ses mœurs que dans son éloquence. Il fut environné quarante ans de la bienveillance universelle. Sa vieillesse honorée s'écoula paisiblement au milieu de tant de factions, et dans ces jours d'anarchie où les prééminences littéraires étaient un crime comme les autres distinctions sociales. La destinée le favorisa jusqu'au dernier jour. A quatre-vingt-trois ans, il a pu contempler ce roi long-tems attendu, ce roi, son premier protecteur, qui, malgré vingt-cinq années d'absence, n'avait oublié ni les traits ni les vers d'un poète ami de la vertu. Témoin du salut de la patrie, le poète reconnaissant est mort sans trouble, après avoir vécu sans reproche.

Grâce à la modération de ses vœux, et surtout à la nature de ses travaux, M. Ducis, comme je viens de le dire, n'a point vu son existence troublée par nos orages politiques. Il vécut en paix, et ce fut là son bonheur. Pour vous, Monsieur, vous avez vu de près la tempête, vous l'avez bravée, et dans quel moment ! lorsqu'elle avait déchaîné toutes ses fureurs. C'est là, Monsieur, votre éternelle gloire.

Faut-il que je retrace de si funestes souvenirs dans ce jour de bonheur où le peuple entier célèbre la fête de son roi ? Mais puis-je vous louer dignement, Monsieur, si je ne vous place au milieu de ces mouvemens terribles dont je voudrais écarter l'image ? Votre voix courageuse a donc soutenu cette cause sacrée où la Providence a permis le triomphe du crime pour l'éternelle instruction de la postérité ! Vos regards ont bravé ceux d'un sénat de régicides qui, suivant votre énergique expression, s'étaient constitués eux-mêmes accusateurs, juges et bourreaux. C'est en vain que votre éloquence attestait les droits les plus saints, les formes protectrices de l'innocent, la vérité, la foi, l'honneur, la majesté royale, et jusqu'à l'intérêt même des conspirateurs que vous cherchiez à fléchir par le sentiment de leur propre danger. Ces nobles efforts étaient inutiles ; le génie du mal avait fermé toutes les oreilles ; il ne répondait aux accens de

la vérité que par les imprécations de la rage.
Tandis que vous tonniez sur les coupables ; l'âme
céleste de Louis, indifférente à ces dangers, s'at-
tendrissait sur ceux de la France ; il priait pour
elle, il la bénissait encore ; et les assassins de
Louis ne l'en blasphémaient que davantage. Leur
bassesse était impatiente de commettre un grand
crime qui pût la rendre fameuse. Le couteau de
Ravaillac entre les mains, ils se croyaient tous
des Cromwel, et le vœu de leur démence était
d'obtenir cette horrible immortalité. Eh quoi !
dans ce tribunal de sang, n'était-il pas des hommes
accessibles à la honte et à la pitié ? Sans doute
on en comptait plusieurs qui ne doivent pas être
compris dans l'anathème général. Mais chaque
instant redouble le danger ; les poignards menacent partout la faiblesse ; il faut être ou com-
plice ou victime. Le juste est condamné d'a-
vance : qu'on l'immole ou qu'on meure ! Un
jour, et ce jour n'est pas loin, l'échafaud punira
un moment d'irrésolution ou de repentir. Enfin,
l'arrêt fatal est porté contre Louis. Ses vertueux
défenseurs se voilent le visage, et se réfugient
dans le désert : tout a pâli d'effroi, jusqu'à ses
juges ; une consternation universelle s'est ré-
pandue de la capitale jusqu'aux provinces les

plus reculées, et ce jour là, dans la France entière, il n'y eut de calme et de serein que le front
de l'auguste victime.

Plein de ce jour d'affreuse mémoire, et qui
jete aujourd'hui sur vous un intérêt si touchant,
je n'ai point rappelé, Monsieur, tant d'autres titres qui vous recommandaient avant cette époque à l'estime de vos concitoyens. J'aurais pu
dire que deux barreaux célèbres vous comptaient
depuis long-tems au nombre de leurs premiers
orateurs. J'aurais pu ajouter que dès votre jeunesse, un juste enthousiasme vous conduisit près
du vieillard de Ferney, et que ce grand homme
encourageait votre goût éclairé pour les lettres et
pour la poésie. Mais l'éclat des lettres s'efface devant celui de la vertu. Votre plus bel éloge est
dans ce testament simple et sublime où, déjà détaché de la terre et presque dans les cieux, Louis
vous a légué ses bénédictions et sa reconnaissance. Plus auguste en ce moment que sur le
trône même, il vous communiqua, de son lit de
mort, je ne sais quoi de sacré. Votre souvenir
désormais s'associera dans les siècles les plus re-
culés à celui du meilleur et du plus infortuné
des rois.

L'Académie française, en reprenant la forme
et les statuts que lui donnèrent les rois, enfans

d'Henri IV , s'est empressée d'accueillir le défenseur de la royauté. Votre place était marquée, Monsieur , dans ce sanctuaire des lettres où s'asseyait jadis cet illustre et vertueux Malesherbes dont votre présence me rappelle involontairement la mémoire. Ce jour annonce que les bonnes doctrines en tout genre vont se rétablir. Les mouvemens doux et réguliers d'une monarchie paternelle donneront au talent la sécurité dont il a besoin. L'orateur ne mettra plus de restriction secrète aux justes éloges qui s'éleveront librement vers un trône affermi par la justice et par la bonté. Puissent bientôt l'éloquence et la poésie se relever sous ce sceptre auguste, encore brillant des splendeurs du règne de Louis XIV, et déposer toutes leurs couronnes aux pieds d'un roi qui juge leurs travaux avec tant de goût, et dont le suffrage donne la gloire !

FIN